AF140060

Anonymous

Entwurf eines Gesetzes betreffend die Einführung eines

Strafgesetzes

über Verbrechen, Vergehen und Übertretungen : Regierungsvorlage

Anonymous

Entwurf eines Gesetzes betreffend die Einführung eines Strafgesetzes
über Verbrechen, Vergehen und Übertretungen : Regierungsvorlage

ISBN/EAN: 9783744631204

Hergestellt in Europa, USA, Kanada, Australien, Japan

Cover: Foto ©Suzi / pixelio.de

Weitere Bücher finden Sie auf **www.hansebooks.com**

Regierungsvorlage.

Entwurf eines Gesetzes

betreffend die

Einführung eines Strafgesetzes

über

Verbrechen, Vergehen und Übertretungen.

Wien.

Druck und Verlag der kaiserlich-königlichen Hof- und Staatsdruckerei.

1889.

Gesetz

vom . . . . ,

betreffend

die Einführung eines Strafgesetzes über Verbrechen, Vergehen und Übertretungen.

Mit Zustimmung der beiden Häuser des Reichsrathes finde Ich anzu= ordnen, wie folgt:

Artikel I.

Das Strafgesetz über Verbrechen, Vergehen und Übertretungen tritt mit dem ersten Tage des auf die Kundmachung folgenden sechsten Kalendermonates in Wirksamkeit.

Mit dem gleichen Zeitpunkte wird das Straf- gesetz vom 27. Mai 1852, (R. G. Bl. Nr. 117) sammt allen in anderen Gesetzen und Verordnungen ent- haltenen Bestimmungen, welche Gegenstände des gegenwärtigen Strafgesetzes betreffen, außer Kraft gesetzt.

Artikel II.

Wenn in anderen Gesetzen, in Verordnungen oder Vorschriften Verweisungen auf strafgesetzliche Bestimmungen, welche nach Artikel I außer Kraft treten, oder auf in denselben enthaltene Benennungen vorkommen, sind dieselben auf die entsprechenden Bestimmungen des gegenwärtigen Strafgesetzes zu beziehen.

Die Bestimmungen der derzeit in Wirksamkeit stehenden Gesetze, Verordnungen und Vorschriften, welche sich auf Verbrechen im allgemeinen beziehen, haben, insofern in dem Gesetze nicht etwas anderes angeordnet wird, von allen vorsätzlichen Handlungen

zu gelten, welche nach dem gegenwärtigen Strafgesetze
als Verbrechen anzusehen oder mit einer mehr als
einjährigen Freiheitsstrafe bedroht sind.

Unter derselben Voraussetzung gelten derlei
Bestimmungen, die sich auf eine Freiheitsstrafe oder
eine gewisse Dauer derselben beziehen, in der Regel
von jeder im gegenwärtigen Strafgesetze wie immer
benannten Freiheitsstrafe und von der gleichen Dauer;
nur wenn auf die Strafe des Kerkers oder des
schweren Kerkers hingewiesen wird, ist im ersteren
Falle nur eine wegen eines Verbrechens angedrohte,
rücksichtlich verhängte Freiheitsstrafe, im letzteren
Falle nur die Zuchthausstrafe zu verstehen.

Artikel III.

Die in besonderen Gesetzen mit Strafe bedrohten und in dem gegenwärtigen Strafgesetze nicht
vorgesehenen Handlungen, deren Aburtheilung den
ordentlichen Gerichten zugewiesen ist, sind, wenn sie
mit einer mehr als zweimonatlichen Freiheitsstrafe
oder mit Geldstrafe über 300 fl. bedroht sind, als
Vergehen, außerdem als Übertretungen zu behandeln.

Statt der in diesen Gesetzen angedrohten Arten
von Freiheitsstrafen ist bei Vergehen Gefängnis, bei
Übertretungen Haft anzuwenden.

Statt Gefängnis kann, wenn die Verurtheilung
nach dem Preßgesetze vom 17. December 1862 (R. G.
Bl. Nr. 6 vom Jahre 1863) und dem Gesetze vom
15. October 1868 (R. G. Bl. Nr. 142), oder nach
dem Gesetze über das Vereinsrecht vom 15. November
1867 (R. G. Bl. Nr. 134), oder nach dem Gesetze
über das Versammlungsrecht vom 15. November
1867 (R. G. Bl. Nr. 135) erfolgte, auf Staatsgefängnis erkannt werden (§. 16 St. G.). Die nach
den erwähnten Gesetzen verhängten Freiheitsstrafen
können nicht verschärft werden. (§. 13 St. G.)

Ist in einem solchen Gesetze Freiheitsstrafe allein
angedroht, so kann dieselbe nach Maßgabe der §§. 15,
24 und 26 des Strafgesetzes in eine Geldstrafe um-
gewandelt werden; ist dagegen in einem solchen Gesetze
eine Geldstrafe allein angedroht und nur für den
Fall der Uneinbringlichkeit oder besonderer Empfind-
lichkeit derselben die Umwandlung in eine Freiheitsstrafe zugelassen, so hat, wenn ein solcher Fall eintritt,
die Umwandlung ebenfalls nach dem Maßstabe des
§. 26 des Strafgesetzes zu erfolgen.

Die in diesen Gesetzen bestimmten Mindestmaße
der Strafen haben zu entfallen. Die Bestimmung des
Artikels IV des Gesetzes vom 21. Mai 1887 (R.G.Bl.
Nr. 61), betreffend die Verlängerung des Privilegiums
der österreichisch-ungarischen Bank, bleibt jedoch
unberührt.

Artikel IV.

Die hinsichtlich der Unverletzlichkeit und Un-
verantwortlichkeit der Mitglieder des Reichsrathes,

der Delegationen, der Landtage und der Staats schulden-Controlscommissionen bestehenden besonderen Gesetze bleiben unberührt.

Artikel V.

Insofern das Strafgesetz die Bestrafung einer Handlung von der Übertretung einer Verordnung abhängig macht, kann dieser Voraussetzung nur durch ein unter Mitwirkung des Reichsrathes oder eines Landtages erlassenes Gesetz oder durch eine vom Kaiser, von einem oder mehreren Ministern erlassene Verordnung entsprochen werden.

Dagegen ist unter einer Anordnung, einer Vorschrift, einem Gebote oder Verbote, deren Nichtbeobachtung das Strafgesetz mit Strafe bedroht, auch jede Verfügung zu verstehen, welche von einer öffentlichen Behörde oder deren Organen innerhalb ihres gesetzlichen Wirkungskreises erlassen wird.

Die in dem Absatze 1 erwähnten Verordnungen müssen durch das Reichs- oder Landesgesetzblatt, die in dem Absatze 2 erwähnten Verfügungen müssen, wenn sie für das ganze Land gelten, durch das Landesgesetzblatt, sonst aber auf die übliche oder gesetzlich vorgeschriebene Weise kundgemacht sein.

Artikel VI.

Insolange die im Strafgesetze vorausgesetzten Verordnungen, Anordnungen, Vorschriften, Gebote und Verbote nicht auf die im vorausgehenden Artikel bezeichnete Art erlassen wurden, sind die bezüglichen Bestimmungen des Strafgesetzes auf die zur Zeit seiner Kundmachung zu Recht bestehenden, den Gegenstand betreffenden Verordnungen und Verfügungen zu beziehen.

Artikel VII.

Die Militärstrafgesetze und die gesetzlichen Bestimmungen über die Personen, welche denselben unterworfen sind, bleiben unberührt. Dies gilt insbesondere auch von der Bestimmung der Zahl 5 des §. 1 des Gesetzes vom 20. Mai 1869, (R. G. Bl. Nr. 78) hinsichtlich der Behandlung der von der k. k. Kriegsmarine eingebrachten Seeräuber.

An die Stelle des §. 7 des eben angeführten Gesetzes tritt folgende Bestimmung:

„Im Falle einer theilweisen oder allgemeinen Mobilisirung sind auch Civilpersonen wegen der in den §§. 93, 95 und 98 des Strafgesetzes vorgesehenen Handlungen der Militärgerichtsbarkeit unterworfen, und zwar auch in dem Falle, wenn die Handlung in hochverrätherischer Absicht (§§. 89 bis 91 St. G.) unternommen wurde.“

„Den Tag, an welchem diese Erweiterung der Zuständigkeit für die Militärgerichte einzutreten oder aufzuhören hat, wird der Justizminister bestimmen, und durch das Reichsgesetzblatt bekannt machen.“

1*

Artikel VIII.

Die strafrechtlichen Bestimmungen des Wehrgesetzes und des Gesetzes wegen Bestrafung der Nichtbefolgung des Militär-Einberufungsbefehles und der Verleitung hiezu bleiben unberührt; für die den ordentlichen Gerichten zugewiesenen Handlungen findet jedoch die Bestimmung des Artikels III Anwendung.

Artikel IX.

Insoferne kraft besonderer gesetzlicher Vorschriften mit der Verurtheilung wegen einer strafbaren Handlung, abgesehen von den im Strafgesetze bestimmten nachtheiligen Wirkungen der Verlust einer Stelle, eines Befugnisses oder einer Berechtigung oder der Verlust der gesetzlichen Befähigung, eine Stelle, ein Befugnis oder eine Berechtigung zu erlangen, verbunden ist, tritt dieser Verlust bei den auf Grund des gegenwärtigen Strafgesetzes erfolgenden Verurtheilungen nur dann ein, wenn Schmälerung der staatsbürgerlichen Rechte verhängt wird oder von rechtswegen mit der Strafe verbunden ist; der Verlust einer gesetzlichen Befähigung hört mit dem Ende der im Urtheile oder im Strafgesetze bestimmten Dauer der Schmälerung der staatsbürgerlichen Rechte auf.

Artikel X.

Durch das Strafgesetz wird jedoch an denjenigen besonderen Gesetzen, Disciplinar- und anderen Vorschriften oder Statuten nichts geändert, vermöge welcher bestimmten Behörden oder Körperschaften das Recht zukommt, infolge der Verurtheilung wegen einer strafbaren Handlung den Verlust oder die zeitige Einstellung von Ämtern, Diensten oder Berufsstellungen, gewerblichen Befugnissen und anderen Berechtigungen oder von Titeln, Würden, Auszeichnungen u. s. w. auszusprechen. Dieses Recht bleibt insbesondere auch in dem Falle unberührt, wenn das Strafgericht bei Aburtheilung einer strafbaren Handlung gegen den Schuldigen eine solche Wirkung herbeiführende Nebenstrafe nicht verhängt hat, obgleich auf dieselbe hätte erkannt werden können.

Artikel XI.

Inwieferne die Verurtheilung zu einer Freiheitsstrafe wegen einer in dem Strafgesetze vorgesehenen strafbaren Handlung weitere Wirkungen in Beziehung auf Dienststellungen, Würden, Auszeichnungen und gesetzliche Begünstigungen im Heere, in der Marine oder der Landwehr nach sich zieht, wird durch besondere Vorschriften bestimmt.

Artikel XII.

Die im Gesetze mit einer mehr als sechsmonatlichen Freiheitsstrafe bedrohten Vergehen und alle nicht mit der Todesstrafe bedrohten Verbrechen, welche von einem zu lebenslänglicher Freiheitsstrafe Verurtheilten während der Strafdauer begangen werden, sind durch die zuständigen Gerichte zu untersuchen und mit den nachstehend bezeichneten Strafen, von welchen mit Rücksicht auf die Strafbarkeit der Handlung auch mehrere in Verbindung gebracht werden können, zu ahnden. Diese Strafen sind:

1. Fasten, welches in Beschränkung auf Wasser, Brot und einmal warme Suppe oder bloß auf Wasser und Brot zu bestehen hat, aber wöchentlich nicht öfter als dreimal und niemals an zwei unmittelbar aneinander folgenden Tagen in Anwendung kommen darf.

2. Hartes Lager auf Brettern, welches nur dreimal in der Woche und nicht an unmittelbar aufeinander folgenden Tagen in Anwendung kommen darf.

3. Einsame Absperrung in dunkler Zelle, welche jedoch ununterbrochen nicht über drei Tage und dann erst nach einem Zwischenraume von einer Woche wieder stattfinden darf.

4. Fesselung, welche ununterbrochen nicht länger als drei Monate und dann erst wieder nach einem gleichen Zeitraume stattfinden darf.

5. Enge Fesselung (Anhaltung am Ringe), welche nicht über drei Stunden und dann erst nach drei Tagen wieder stattfinden darf. Beim Vollzuge hat nach anderthalb Stunden eine einstündige Unterbrechung einzutreten.

Die Bestimmung des §. 4 des Gesetzes vom 15. November 1867 (R. G. Bl. Nr. 131) bleibt unberührt.

Artikel XIII.

Alle Übertretungen und die mit einer sechs Monate nicht übersteigenden Freiheitsstrafe oder nur mit Geldstrafe bedrohten Vergehen, welche von den zu einer mehr als einjährigen Freiheitsstrafe Verurtheilten während der Dauer derselben begangen werden, sind auf dem Disciplinarwege zu bestrafen. Hiebei können sowohl die in den Vorschriften für Gefangenhäuser vorgesehenen, als die im vorhergehenden Artikel XII bezeichneten Strafen, jedoch mit der Beschränkung des Fastens und des harten Lagers auf höchstens zwei Tage in der Woche, der Dunkelhaft auf höchstens vierundzwanzig Stunden, der Fesselung auf höchstens zwei Monate und der engen Fesselung auf höchstens anderthalb Stunden in Anwendung gebracht werden.

Artikel XIV.

Die im §. 1339 des allgemeinen bürgerlichen Gesetzbuches vom 1. Juni 1811 enthaltene Strafbestimmung tritt außer Wirksamkeit.

Die Bestimmung des §. 5 des Gesetzes vom 15. November 1867 (R. G. Bl. Nr. 131) bleibt unberührt.

Artikel XV.

1. Die derzeit noch geltenden Bestimmungen des Preßgesetzes vom 17. December 1862 (R. G. Bl. Nr. 6 vom Jahre 1863) und des Gesetzes vom 15. October 1868 (R. G. Bl Nr. 142) bleiben aufrecht, insoweit nicht durch dieses Gesetz etwas Abweichendes angeordnet wird.

2. An die Stelle des letzten Absatzes des §. 28 des Preßgesetzes tritt folgende Bestimmung:

„Wahrheitsgetreue Berichte über öffentliche Verhandlungen des Reichsrathes, der Landtage und der Delegationen begründen niemals eine strafbare Handlung."

3. Für Handlungen und Umstände, welche nach dem gegenwärtigen Strafgesetze zu beurtheilen sind, tritt an die Stelle des §. 35 des Preßgesetzes folgende Bestimmung:

„Wird jemand wegen des Inhaltes einer Druckschrift, für welche nach §. 13 eine Caution zu erlegen war, eines Verbrechens oder Vergehens schuldig erkannt, so ist neben der gesetzlichen Strafe auch auf Verfall der Caution zu erkennen."

„Der Verfall der Caution ist, wenn die Verurtheilung wegen eines Verbrechens erfolgt, für welches nach dem Gesetze auf eine mehr als fünfjährige Freiheitsstrafe erkannt werden kann, vom halben bis zum vollen Betrage, bei allen anderen Verbrechen im Betrage von dreihundert Gulden bis zur Hälfte der Caution, endlich bei allen Vergehen im Betrage von sechzig bis dreihundert Gulden auszusprechen."

„In demselben Ausmaße ist auf den Verfall der Caution auch dann zu erkennen, wenn der Inhalt einer solchen Druckschrift ein Verbrechen oder Vergehen begründet und jemand aus diesem Anlasse wegen Vernachlässigung der pflichtmäßigen Obsorge verurtheilt wird."

„Die für verfallen erklärten Cautionsbeträge sind gleich den Geldstrafen, welche auf Grund des Strafgesetzes verhängt werden, zu verwenden."

Artikel XVI.

Die Bestimmungen der §§. 1 bis 7 des Gesetzes vom 24. Mai 1885 (R. G. Bl. Nr. 89), womit strafrechtliche Bestimmungen in Betreff der Zulässigkeit der Anhaltung in Zwangsarbeits- oder Besserungsanstalten getroffen werden, bleiben in Geltung; es kann aber, wenn der Ausspruch auf Zulässigkeit der Anhaltung in eine Zwangsarbeits- (Besserungs-) Anstalt nicht erfolgt, auf Zulässigkeit der Stellung unter Polizeiaufsicht erkannt werden.

Artikel XVII.

Die Bestimmungen des Gesetzes vom 28. Mai 1881 (R. G. Bl. Nr. 47) betreffend Abhilfe wider unredliche Vorgänge bei Creditgeschäften, bleiben insbesondere auch bezüglich der Zulässigkeit der Abschaffung (§. 37 St. G.) in Geltung.

Artikel XVIII.

Die strafbaren Handlungen, auf welche §. 3, lit. b) und §. 4 des Gesetzes vom 5. Mai 1869 (R. G. Bl. Nr. 66), betreffend die Befugnisse der verantwortlichen Regierungsgewalt zur Verfügung zeitweiliger und örtlicher Ausnahmen, Anwendung zu finden haben, sind die in den §§. 89 bis 98, 100 bis 103, 109 bis 111, 118, 120 bis 128, 132 bis 142, 144 bis 148, 150, 175, Z. 2, 178, 179, 204, Absatz 2, 219, 220, 223, 224, 236, 242, 247 bis 256, 268, 271, 272, 321, 322, 324, 326 bis 328, 331 bis 336, 338, 339, 341, 343, 344, 346, 349 bis 354, 356 bis 358, 396 bis 405, 409 bis 411, 417, 424, 426 bis 433, 440 bis 443, 488, 505 und 507 des Strafgesetzes vorgesehenen, dann die nach dem angeführten Gesetze selbst zu bestrafenden Handlungen.

Die Untersuchung und Bestrafung der im §. 9 des gedachten Gesetzes bezeichneten strafbaren Handlungen kommt den Bezirksgerichten zu.

Artikel XIX.

Die Ministerialverordnung vom 5. October 1854 (R. G. Bl. Nr. 255) wird aufgehoben.

Artikel XX.

Die strafrechtliche Bestimmung des §. 16 des Gesetzes vom 17. Juni 1883 (R. G. Bl. Nr. 117), betreffend die Bestellung von Gewerbeinspectoren bleibt in Geltung.

Artikel XXI.

Bei allen in dem Strafgesetze vorkommenden Zeitbestimmungen ist das Jahr und der Monat nach der Kalenderzeit, eine Woche zu sieben Tagen und ein Tag zu vierundzwanzig Stunden zu rechnen.

Handelt es sich um die Ermittlung eines bestimmten Theiles des Höchst- oder Mindestausmaßes der Freiheitsstrafe, so ist nach Monaten zu rechnen und sind im Urtheile je zwölf Monate als einem Jahre gleichkommend anzunehmen.

Artikel XXII.

Alle in dem Strafgesetze vorkommenden Geldbeträge sind in österreichischer Währung, ohne Rücksicht auf das im Verkehre für Metallmünze bestehende Aufgeld (Agio), in Papiergeld zu verstehen.

Artikel XXIII.

Bestehen über die gegenseitige Auslieferung von Übelthätern besondere Verträge mit auswärtigen Staaten, so ist in Gemäßheit derselben vorzugehen. Insoferne in den bereits abgeschlossenen Verträgen dieser Art die Bewilligung der Auslieferung einer Person an die Bedingung geknüpft ist, dass die Handlung, wegen welcher diese Person verfolgt wird oder verurtheilt worden ist, nach dem österreichischen Gesetze ein Verbrechen bildet, kann bis zur Erneuerung der bezüglichen Verträge die Auslieferung wegen der darin vorgesehenen strafbaren Handlungen auch dann zugestanden werden, wenn die Handlung nach dem derzeit geltenden Strafgesetze als Verbrechen, nach dem gegenwärtigen Strafgesetze aber nur als ein Vergehen anzusehen ist.

Die gerichtliche Verfolgung der von einem fremden Staate ausgelieferten Person kann nur insoweit stattfinden, als dies nach dem Auslieferungsvertrage oder, wenn ein solcher nicht besteht, nach den Bedingungen der Auslieferungsbewilligung zulässig ist.

Wurde eine im Inlande wegen mehrerer strafbarer Handlungen zu einer Gesammtstrafe verurtheilte Person auf Grund eines Vertrages oder unter Bedingungen ausgeliefert, welche die Bestrafung wegen einzelner dieser Handlungen ausschließen, so haben die Gerichte nach den Bestimmungen des §. 410 der Strafproceßordnung vom 23. Mai 1873 (R. G. Bl. Nr. 119) vorzugehen und die Strafe so zu bestimmen, als wenn die ausgeschlossenen strafbaren Handlungen keinen Gegenstand der Anklage gebildet hätten.

Artikel XXIV.

Die Bestimmungen des Strafgesetzes, welche sich nur auf inländische staatliche Einrichtungen und öffentliche Functionäre beziehen, gelten dann für fremdländische Einrichtungen und Functionäre, wenn und insoweit die Gegenseitigkeit gesetzlich oder vertragsmäßig verbürgt und, dass dies der Fall, durch das Reichsgesetzblatt bekannt gemacht ist.

Artikel XXV.

Die Zusammensetzung und das Verfahren der im §. 23 des Strafgesetzes erwähnten Strafvollzugscommission richtet sich nach dem Gesetze vom 1. April 1872 (R. G. Bl. Nr. 43.)

Die Bestimmungen der §§. 2, 4 und 8 des erwähnten Gesetzes treten außer Kraft. Bei Personen, welche bei Eintritt der Wirksamkeit des gegenwärtigen Strafgesetzes sich in Einzelnhaft befinden, wird der abgebüßte Theil der Strafe nach den bisher geltenden Bestimmungen berechnet.

Artikel XXVI.

Auf Handlungen, welche vor dem im Artikel I bezeichneten Zeitpunkte begangen sind, finden die Bestimmungen des gegenwärtigen Strafgesetzes nur insoferne Anwendung, als sie milder sind, als das derzeit geltende Gesetz.

Bei der Beurtheilung, welches Gesetz als das mildere anzusehen, ist nicht bloß auf Art und Maß der im gegebenen Falle nach beiden Gesetzen zu verhängenden Strafen, sondern auch auf die übrigen Bestimmungen, insbesondere auf die Wirkungen Bedacht zu nehmen, welche mit der Verurtheilung verbunden sind oder verbunden werden können.

Hinsichtlich solcher vor dem erwähnten Zeitpunkte begangener Handlungen, welche in Gemäßheit des derzeit in Kraft stehenden Gesetzes von amtswegen, nach dem gegenwärtigen Strafgesetze aber nur auf Antrag oder auf Grund einer Privatanklage verfolgt werden, findet die Strafverfolgung nur in Gemäßheit des gegenwärtigen Strafgesetzes statt, insoferne bei Beginn der Wirksamkeit desselben die Anklage noch nicht erhoben ist (§§. 207, 208 und 451 der Strafproceßordnung). In solchen Fällen beginnt die Frist zur Stellung des Antrages und zur Erhebung der Privatanklage an dem im Artikel I bezeichneten Tage, wenn zu dieser Zeit dem Berechtigten die strafbare Handlung und die Person des Schuldigen bereits bekannt war (§. 86 St. G.). Der Lauf der Verjährung wird durch diese Fristbestimmung nicht gehemmt.

Die vor Beginn der Wirksamkeit des gegenwärtigen Strafgesetzes von dem Berechtigten (§. 84 St. G.) erstattete Anzeige der strafbaren Handlung vertritt die Stelle des nach der obigen Bestimmung erforderlichen Antrages, nicht aber auch die der Privatanklage.

Artikel XXVII.

Treffen strafbare Handlungen zusammen, die theils vor, theils nach dem Beginne der Wirksamkeit des gegenwärtigen Strafgesetzes verübt wurden, so ist das letztere auf alle anzuwenden, bei der Strafbemessung jedoch auf die mildere Behandlung Bedacht zu nehmen, welche etwa auf Grund des bisherigen Gesetzes die zur Zeit seiner Wirksamkeit verübten Handlungen zu erfahren hätten.

Artikel XXVIII.

Die Strafbarkeit von Handlungen, welche vor dem im Artikel I bezeichneten Zeitpunkte begangen wurden, erlischt durch Verjährung, sobald die Bedingungen derselben entweder nach dem derzeit geltenden oder nach dem gegenwärtigen Strafgesetze erfüllt sind.

Die Vollstreckbarkeit der vor diesem Zeitpunkte rechtskräftig verhängten Strafen erlischt durch Verjährung in Gemäßheit der §§. 69 bis 73 des Strafgesetzes, wenn dieselben durch die daselbst bestimmte Zeit nicht in Vollzug gesetzt worden sind.

Artikel XXIX.

Die auf Grund des derzeit in Wirksamkeit stehenden Strafgesetzes zu Freiheitsstrafen Verurtheilten haben nach Beginn der Wirksamkeit des gegenwärtigen Strafgesetzes ihre Strafen, beziehungsweise den Rest derselben nach den folgenden Bestimmungen abzubüßen:

1. Die zur Strafe des einfachen Arrestes Verurtheilten in den zum Vollzuge der Haft bestimmten Räumlichkeiten (§. 12 St. G.).

2. Die zu einfachem Kerker oder strengem Arreste Verurtheilten im Gefängnisse (§. 11 St. G.).

3. Die zu schwerem Kerker Verurtheilten im Zuchthause (§. 9 St. G.), wenn die Handlung, wegen welcher sie verurtheilt sind (oder in dem Falle, als sie wegen mehrerer strafbarer Handlungen verurtheilt sind, auch nur eine derselben) durch das gegenwärtige Strafgesetz mit Zuchthausstrafe bedroht ist, außerdem aber im Gefängnisse.

In allen diesen Fällen (Zahl 1 bis 3) sind jedoch die Bestimmungen des gegenwärtigen Strafgesetzes über den Vollzug der Freiheitsstrafen nur insoweit in Anwendung zu bringen, als dieselben im Verhältnisse zu den bisher geltenden Vorschriften keine strengere Behandlung des Sträflings nach sich ziehen.

Die Ausführung der Bestimmungen hinsichtlich der in Zahl 3 erwähnten Sträflinge bleibt dem Justizminister nach Einvernehmung des Oberlandesgerichtes vorbehalten.

Artikel XXX.

Geldstrafen, welche auf Grund des gegenwärtigen Strafgesetzes in einer Strafsache verhängt werden, fallen dem Armenfonde des Ortes zu, wo die strafbare Handlung begangen worden ist.

Nach dieser Bestimmung sind auch für verfallen erklärte Gegenstände zu verwenden.

Hiedurch wird die Bestimmung des Gesetzes vom 29. Februar 1880 (R. G. Bl. Nr. 35), betreffend die Abwehr und Tilgung ansteckender Thierkrankheiten, und des Gesetzes vom 29. Februar 1880 (R. G. Bl. Nr. 37), betreffend die Abwehr und Tilgung der Rinderpest nicht berührt.

Artikel XXXI.

Die Bestimmungen der Strafproceßordnung, welche Übertretungen betreffen, sind auf alle strafbaren Handlungen anzuwenden, deren Aburtheilung nach diesem Gesetze den Bezirksgerichten zukommt.

Wenn ein Strafproceßgesetz für den Fall ertheilt ist, daß eine Handlung mit Kerkerstrafe, mit mindestens fünf- oder mindestens zehnjähriger Kerkerstrafe bedroht ist, so gilt dasselbe im ersten Falle für alle Verbrechen, im zweiten Falle für Handlungen, welche mit Freiheitsstrafe von mehr als fünfjähriger, im dritten für solche, welche mit Freiheitsstrafe von mehr als zehnjähriger Dauer bedroht sind.

Artikel XXXII.

In denjenigen Fällen, in welchen vermöge der Bestimmungen der Strafprocesßordnung (§§. 7, 108, 143, 160, 233, 235 und 327) Arreststrafe zu verhängen ist, ist künftig auf Haft zu erkennen.

Die nach der Strafprocesßordnung (§§. 108 und 235) zulässigen Disciplinarstrafen sind nach Maßgabe des Artikels XIII in Anwendung zu bringen.

Artikel XXXIII.

Was in der Strafprocesßordnung von Mitschuldigen angeordnet ist, gilt von denjenigen, welche im Sinne des gegenwärtigen Strafgesetzes als Mitthäter oder als Theilnehmer anzusehen sind.

Insoweit eine Anordnung der Strafprocesßordnung auch diejenigen betrifft, die an der strafbaren Handlung theilgenommen oder sich daran betheiligt haben, ist sie außerdem auch auf diejenigen Personen anzuwenden, welche sich in Bezug auf das begangene Verbrechen oder Vergehen einer der in den §§. 268, 269, 272 und 313 des Strafgesetzes vorgesehenen Handlungen schuldig gemacht haben.

Artikel XXXIV.

Im Sinne des §. 170, Zahl 3 der Strafprocesßordnung, dürfen Personen, welche schon einmal wegen einer der in den §§. 160, 161, 167, 168 und 169 des Strafgesetzes vorgesehenen strafbaren Handlungen verurtheilt worden sind, nicht beeidet werden.

Artikel XXXV.

Die Bestimmungen der Strafprocesßordnung, welche sich auf die Verhandlung über die Verhängung der Strafe, den richterlichen Ausspruch über dieselbe, die Einhaltung der dem Richter hiebei durch das Strafgesetz vorgezeichneten Grenzen und die Abhilfe gegen Überschreitungen derselben beziehen, sind auch auf den Ausspruch über die Nebenstrafen und über den Verfall der Caution (Artikel XV) anzuwenden.

Hierüber, sowie über die im Sinne des §. 11, Absatz 3 des Strafgesetzes zu bewilligenden Erleichterungen der Gefängnisstrafe ist abgesondert abzustimmen.

Die Bestimmung des §. 358 der Strafproceßordnung über die einstweilige Fortdauer der gesetzlichen Folgen einer Verurtheilung gilt auch von der durch Urtheil verhängten Schmälerung der staatsbürgerlichen Rechte.

Artikel XXXVI.

Die Bestimmungen der Strafproceßordnung über die Privatanklage finden lediglich auf diejenigen Handlungen Anwendung, welche nach dem Strafgesetze nur auf Grund einer Privatanklage bestraft werden können (§. 83 St. G.).

Diejenigen Bestimmungen der Strafproceßordnung aber, welche verhindern oder Abhilfe dagegen gewähren sollen, daß ein Strafverfahren ohne das nach dem Gesetze erforderliche Verlangen eines Betheiligten eingeleitet wird, gelten auch für die Fälle, wo nach dem Strafgesetze die Verfolgung nur auf Antrag stattfindet (§. 81 St. G.).

Der Antrag kann mündlich oder schriftlich, bei Gericht oder bei den Organen der Staatsanwaltschaft oder der Sicherheitsbehörden angebracht werden. Als Antrag ist jede Äußerung des Antragsberechtigten anzusehen, aus welcher zu entnehmen ist, daß er die Einleitung des Strafverfahrens wegen einer bestimmten That begehrt; es ist gleichgiltig von welcher rechtlichen Beurtheilung derselben er ausgeht, und ob der Antrag gegen bestimmte Personen gerichtet ist oder nicht.

Sobald der zur Stellung des Antrages Berechtigte die Einleitung des Strafverfahrens wegen einer strafbaren Handlung beantragt hat, finden auf diese Handlung alle Bestimmungen Anwendung, welche in der Strafproceßordnung bezüglich der von amtswegen zu verfolgenden strafbaren Handlungen enthalten sind.

Der Anspruch auf Zuerkennung einer Geldbuße ist zugleich als ein im Strafverfahren geltend gemachter Anspruch auf Entschädigung, sowie der letztere auch als Anspruch auf Zuerkennung einer Geldbuße anzusehen.

Artikel XXXVII.

Bei Strafsachen, welche nach dem gegenwärtigen Strafgesetze zu beurtheilen sind, finden die §§. 265 und 266 und die Absätze 2 und 3 des §. 338 der Strafproceßordnung keine Anwendung.

Bei der nach §. 263 und §. 321 der Strafproceßordnung erforderlichen Erwägung, ob der Angeklagte unter ein Strafgesetz fiele, welches strenger ist als das in der Anklageschrift angeführte, ist auf eine neben der Freiheitsstrafe angedrohte Geldstrafe, sowie auf die vermöge des §. 25 des Strafgesetzes zulässige Straferhöhung keine Rücksicht zu nehmen.

Artikel XXXVIII.

Durch die Berufung gegen den in Anwendung des gegenwärtigen Strafgesetzes ergehenden Ausspruch über die Strafe kann, soweit nicht eine durch Nichtigkeitsbeschwerde geltend zu machende Überschreitung der gesetzlichen Befugnisse des Richters behauptet wird, die Entscheidung über die Strafart, über die Nebenstrafen, über die im §. 11 des Strafgesetzes erwähnten Erleichterungen und über den Gebrauch oder Nichtgebrauch der dem Richter nach §. 207 des Strafgesetzes zustehenden Befugnisse angefochten werden. Aus dem Grunde der Verschärfung einer Freiheitsstrafe (§. 13 St. G.) ist die Berufung unzulässig.

Soweit es sich dagegen um die Bemessung einer Freiheitsstrafe handelt, ist die Berufung zum Nachtheile des Angeklagten ausgeschlossen, wenn die Hälfte des im angewendeten Gesetze für die verhängte Art der Freiheitsstrafe zugelassenen Höchstausmaßes erreicht ist, dagegen die Berufung zu Gunsten des Angeklagten ausgeschlossen, wenn die Hälfte nicht erreicht ist. Dieselben Ausmaße sind auch für die Ausschließung der Berufung gegen die Bemessung der Geldstrafen und des Cautionsverfalles und gegen die Bestimmung der Dauer von Nebenstrafen entscheidend.

Ist lebenslängliche Freiheitsstrafe neben zeitiger angedroht, so ist die Berufung zum Nachtheile des Angeklagten ausgeschlossen, wenn auf eine längere als fünfzehnjährige Freiheitsstrafe erkannt ist. Ist dies nicht geschehen, so ist die Berufung zu Gunsten des Angeklagten ausgeschlossen.

Ändert der Gerichtshof erster Instanz als Berufungsgericht den Ausspruch des Bezirksgerichtes über die Schuldfrage nicht ab, so kann er den Ausspruch über die Strafe, soweit nach vorstehenden Bestimmungen die Berufung dagegen nicht zulässig ist, nur insoferne abändern, als im Verfahren zweiter Instanz Erhebungen stattgefunden haben oder neue Thatsachen hervorgetreten sind, vermöge deren sich der Sachverhalt anders darstellt, als er dem ersten Richter vorlag.

Gegen den Ausspruch, womit Gegenstände für verfallen erklärt werden, steht auch demjenigen die Berufung zu, welcher darthut, daß dieselben nicht einem der Thäter oder Theilnehmer, sondern ihm gehören.

Artikel XXXIX.

Die §§. 356, 363, 405, 406, 430, 442 und 453 der Strafproceßordnung werden abgeändert und haben zu lauten, wie folgt:

§. 356.

Der Staatsanwalt kann die Wiederaufnahme des Verfahrens, um zu bewirken, daß eine Handlung, wegen welcher der Angeklagte verurtheilt worden ist, nach einem strengeren Strafgesetze beurtheilt werde, nur unter den im §. 355 erwähnten Voraussetzungen und überdies nur dann beantragen, wenn

1. das wirklich verübte Verbrechen mit Todes- oder lebenslanger Freiheitsstrafe bedroht ist, während nach dem dem Urtheile zugrunde gelegten Strafsatze nur auf eine zeitige Freiheitsstrafe erkannt werden konnte, oder wenn

2. die Handlung unter ein Strafgesetz fällt, welches im Höchstmaße fünfzehn- oder zwanzigjährige Freiheitsstrafe androht, während die Bemessung der Strafe nach einem Strafsatze in der Dauer von höchstens fünf Jahren angenommen wurde, oder wenn

3. eine That sich als Verbrechen oder als ein Vergehen darstellt, welches mit einer mehr als sechsmonatlichen Freiheitsstrafe bedroht ist, während der Angeklagte nur wegen einer der dem Bezirksgerichte zur Aburtheilung zugewiesenen strafbaren Handlungen verurtheilt wurde, oder wenn

4. die Handlung unter ein Strafgesetz fällt, nach welchem eine der in den §§. 38 bis 42 des Strafgesetzes bezeichneten Wirkungen des Urtheiles eintreten kann und dieselbe nach dem angewendeten Strafgesetze nicht eintreten kann.

§. 363.

Das Strafverfahren kann unabhängig von den Bedingungen und Förmlichkeiten der Wiederaufnahme nach den allgemeinen Vorschriften und zwar durch das nach denselben zuständige Gericht eingeleitet oder fortgesetzt werden:

1. Wenn die Vorerhebungen eingestellt worden sind, ehe eine bestimmte Person als Beschuldigter behandelt wurde;

2. wenn der zur Erhebung der Privatanklage oder zur Stellung eines Antrages auf Verfolgung noch Berechtigte von diesem Rechte Gebrauch macht, während in dem früheren Verfahren die Einstellung oder ein freisprechendes Urtheil lediglich wegen Mangels des nach dem Gesetze erforderlichen Antrages eines Betheiligten erfolgt ist;

3. wenn dem Ankläger bei der Beendigung des Strafverfahrens wegen eines Verbrechens oder Vergehens die Verfolgung wegen anderer strafbarer Handlungen vorbehalten wurde, oder wenn sich erst nachher Verdachtsgründe einer anderen früher begangenen strafbaren Handlung ergaben;

4. wenn eine That, deren Aburtheilung in erster Instanz dem Gerichtshofe oder dem Geschwornengerichte zukommt, von einem Bezirksgerichte durch unrichtige Anwendung des Gesetzes als ihm zur Aburtheilung zukommend behandelt wurde, vorausgesetzt, daß seit der Entscheidung des Bezirksgerichtes noch nicht mehr als sechs Monate, und wenn es sich um ein

Verbrechen handelt, noch nicht mehr als zwölf Monate verflossen sind, oder wenn wegen einer That, deren Aburtheilung ausschließlich den Gerichten zukommt, von einer anderen Behörde eine Strafverfügung erlassen wurde.

§. 405.

Die Orte, an welchen die verschiedenen Arten der Freiheitsstrafe abzubüßen sind, und die Dauer, bis zu welcher Gefängnisstrafen in dem Gefängnisse des erkennenden Gerichtes vollzogen werden können, werden durch Verordnung bestimmt.

Ist hienach die Strafe in einem anderen als in dem Gefängnisse des erkennenden Gerichtes abzubüßen, so veranlaßt der Staatsanwalt die Ablieferung des Verurtheilten an den Strafort.

§. 408.

Bei Freiheitsstrafen, welche in den Gerichtsgefängnissen zu vollziehen sind, kann der Gerichtshof zweiter Instanz wegen Überfüllung der Gefängnisse, zur Ersparung unverhältnismäßiger Reise- oder Transportauslagen oder aus anderen wichtigen Gründen die Vollstreckung bei einem anderen Gerichte seines Sprengels, bei welchen Freiheitsstrafen derselben Art vollzogen werden, bewilligen.

Soll diese Vollstreckung außerhalb des Sprengels des Gerichtshofes zweiter Instanz erfolgen, so ist die Entscheidung des Justizministers einzuholen.

§. 430.

Außerdem kann das standrechtliche Verfahren auch dann angewendet werden, wenn in einzelnen oder mehreren Bezirken Mord, Todtschlag, Raub, Brandstiftung oder eines der in den §§. 331 bis 333, 336, 339, 341, 349, 350 und 352 des Strafgesetzes bezeichneten gemeingefährlichen Verbrechen in besonders gefahrdrohender Weise um sich greifen. Das Erkenntnis über die Nothwendigkeit der Anwendung des Standrechtes steht in solchen Fällen dem Minister des Innern im Einverständnisse mit dem Justizminister zu.

§. 442.

Hienach wird von dem Gerichte das Urtheil in nicht öffentlicher Berathung unter Beobachtung der Vorschriften der §§. 17, 19 bis 22, 258 und 267 gefällt und unmittelbar darauf dem Beschuldigten in öffentlicher Sitzung verkündigt. Wird der Beschuldigte einstimmig für schuldig erklärt, so hat das Standgericht zugleich auf die Todesstrafe zu erkennen. Nur, wenn bereits durch Vollziehung der Todesstrafe an einem oder mehreren der Strafwürdigsten das zur Herstellung der Ruhe nöthige abschreckende Beispiel gegeben ist, kann das Standgericht aus wichtigen Milderungsgründen gegen Minderbetheiligte auf Zuchthaus von fünf bis zu zwanzig Jahren erkennen.

Gegen jugendliche Personen ist in Gemäßheit des §. 63 des Strafgesetzes, wenn sie zur Zeit des begangenen Verbrechens das zwölfte, aber nicht das achtzehnte Lebensjahr zurückgelegt hatten, auf Gefängnis von drei bis zu zwanzig Jahren, und wenn sie zwar das achtzehnte, aber nicht das zwanzigste Lebensjahr zurückgelegt hatten, auf Zuchthaus von fünf bis zu zwanzig Jahren zu erkennen.

§. 453.

Die Beeidigung der Zeugen findet in der Regel nicht statt, sondern der Richter kann sich statt des Eides der Zeugen mit einem Handschlage derselben begnügen.

Ist jedoch der Beschuldigte der That nicht geständig, so müssen die Zeugen, wenn der Beschuldigte deren Beeidigung insbesondere verlangt, oder wenn es sich um eine Gesetzesübertretung handelt, welche mit einer mehr als einmonatlichen Freiheitsstrafe oder mit Geldstrafe über 100 fl. bedroht ist, oder die Anwendung von Nebenstrafen zu begründen vermag, vorschriftsmäßig beeidet werden, sofern ihrer Beeidigung kein gesetzliches Hindernis entgegensteht.

Artikel XL.

Durch Verordnung der Minister der Justiz und des Innern kann die Erlassung von Strafverfügungen hinsichtlich der durch Verordnung zu bestimmenden Übertretungen den zur Handhabung der Polizeigewalt in erster Instanz berufenen Staats- und Gemeindebehörden übertragen werden.

Auf diese Strafverfügungen finden die über die Strafverfügungen der Bezirksgerichte geltenden Bestimmungen Anwendung, soweit nicht im Nachstehenden etwas anderes angeordnet ist:

1. Eines Antrages bedarf es nur dann, wenn die Verfolgung nur auf Antrag oder die Bestrafung nur auf Grund einer Privatanklage stattfindet.

2. Die Strafverfügung kann auch auf Grund der von der Behörde gepflogenen Erhebungen erlassen werden.

Im Falle des Einspruches sind die Thatsachen, welche bei Erlassung der Strafverfügung als erwiesen angenommen wurden, dem gerichtlichen Ausspruche zugrunde zu legen, insofern sich nicht Bedenken gegen die Richtigkeit der Annahme ergeben.

3. Die Anzeigen sind sammt den allenfalls gesammelten Beweismitteln ohne Erlassung einer Strafverfügung ungesäumt dem Bezirksgerichte abzutreten:

a) wenn der Beschuldigte verhaftet ist, und die Strafverfügung binnen 48 Stunden nach seiner Einlieferung nicht erlassen werden kann;

b) wenn die zuständige Behörde findet, daß eine strengere, als die nach §. 460 der Strafproceßordnung zulässige, Strafe erforderlich ist, oder daß Umstände vorliegen, welche die Vornahme einer Hauptverhandlung vor dem Gerichte nothwendig oder räthlich erscheinen lassen;

c) wenn sich ein Zweifel ergibt, ob die angezeigte Handlung oder Unterlassung nicht ein Verbrechen oder Vergehen oder eine solche Übertretung begründet, bezüglich deren das Strafverfahren lediglich dem Bezirksgerichte zusteht;

d) wenn dem Beschuldigten neben der angezeigten Übertretung noch eine der vorbezeichneten strafbaren Handlungen zur Last fällt.

Liegen gegen eine Person mehrere Anzeigen vor, so hat die Abtretung bezüglich aller derselben schon dann zu geschehen, wenn auch nur rücksichtlich einer derselben die Abtretung zu geschehen hat.

4. Der Einspruch ist bei der Behörde, welche die Strafverfügung erlassen hat, anzubringen; befindet sich der Beschuldigte zur Zeit der Zustellung der Strafverfügung außerhalb des Amtssprengels dieser Behörde, so kann er den Einspruch auch beim Bezirksgerichte seines Aufenthaltsortes anbringen. Über die Anbringung des Einspruches ist eine Bestätigung zu ertheilen.

Infolge des erhobenen Einspruches kann die Strafverfügung von der Behörde, welche dieselbe erlassen hat, oder von der ihr vorgesetzten politischen Behörde zurückgezogen werden. Erfolgt die Zurückziehung nicht, so ist die Strafverfügung sammt allen Acten und dem Einspruche, und zwar längstens binnen acht Tagen nach Anmeldung des letzteren dem zuständigen Bezirksgerichte vorzulegen.

5. Wird in gesetzlicher Frist kein Einspruch erhoben, so tritt die Strafverfügung in Rechtskraft, und ist von der Behörde, welche die Strafverfügung erlassen hat, durch Vollstreckung der Freiheitsstrafe in den zu ihrer Verfügung stehenden Arresten, durch Einbringung der Geldstrafe, Verkauf der verfallen erklärten Gegenstände in öffentlicher Feilbietung und, falls dies aus öffentlichen Rücksichten nicht geschehen kann, durch Vernichtung derselben in Vollzug zu setzen.

Die nach dem §. 462 der Strafproceßordnung zulässige Wiedereinsetzung in den vorigen Stand ist bei dem Bezirksgerichte anzusuchen.

6. Gesuche um Nachsicht oder Milderung von Strafen und deren Wirkungen, welche von der Behörde, welche die Strafverfügung erlassen hat, nach Zahl 5 in Vollzug zu setzen sind, sind von dieser Behörde zurückzuweisen, wenn sie nicht findet, daß wichtige Gründe für die Gewährung der Bitte sprechen. Andernfalls hat sie das Gesuch mit ihrem Antrage

2

dem Oberlandesgerichte vorzulegen, welches darüber
nach Vorschrift des §. 411 der Strafproceßordnung
Beschluß faßt.

7. Die Kosten des Verfahrens und der Straf-
vollstreckung werden, insoweit nicht nach den Bestimmungen der Strafproceßordnung der. Ersatz
von den Parteien geleistet wird, von der Behörde
getragen, welcher die Vollstreckung der Strafverfügung
zukommt.

Artikel XLI.

Das nach §. 46 des Strafgesetzes zu fällende
Erkenntnis über den Eintritt der in den §§. 38 bis
42 bezeichneten Wirkungen eines Strafurtheiles steht
dem Gerichtshofe erster Instanz zu, in dessen Sprengel
der Beschuldigte seinen Wohnsitz oder Aufenthalt hat,
oder welcher in Ermanglung eines solchen vom Cassa-
tionshofe nach Anhörung des Generalprocurators
hiezu bestimmt wird.

Das Verfahren, die Entscheidung und die Beschwerde dagegen richtet sich nach den für die Wiederaufnahme des Strafverfahrens geltenden Vorschriften.
Der Verurtheilte muß vernommen werden, soferne
sein Aufenthalt bekannt ist und er sich der Verneh-
mung nicht entzicht.

Das Gericht hat seiner Entscheidung den vom
auswärtigen Gerichte angenommenen Sachverhalt
zugrunde zu legen, und bezüglich der in den §§. 38
bis 42 des Strafgesetzes bezeichneten Nebenstrafen den
dem österreichischen Gesetze entsprechenden Ausspruch
zu fällen.

Artikel XLII.

Wenn das Erkenntnis über den Verfall von
Gegenständen nicht mit dem Urtheile wider den Be-
schuldigten verbunden werden kann, so ist hierüber
ein besonderer Beschluß zu fassen und derselbe den
Betheiligten bekannt zu geben.
. Beim Gerichtshofe erster Instanz kommt die
Beschlußfassung der Rathskammer zu, gegen deren
Entscheidung dem Betheiligten die Beschwerde an das
Oberlandesgericht, für welche die Bestimmungen
des §. 114 der Strafproceßordnung maßgebend sind,
offen steht.

Artikel XLIII.

In Fällen, wo der Richter beschließt, aus den
Gründen des §. 207 des Strafgesetzes von einer
Strafe abzusehen, hat er die Verpflichtung zum Er-
satze der Strafproceßkosten auszusprechen und nach
freiem Ermessen zu bestimmen, welche von den Schuldigen, und in welchem Ausmaße die einzelnen derselben die Kosten zu ersetzen haben.

Artikel XLIV.

Das Gericht kann die Verwahrung jugendlicher Personen in einer Besserungsanstalt nach der Bestimmung des zweiten Absatzes des §. 61 des Strafgesetzes anordnen, ohne daß es hiezu einer Versetzung in den Anklagestand oder einer Hauptverhandlung bedarf.

Beim Gerichtshofe erster Instanz ist diese Verfügung, wenn sie nicht auf Grund einer Hauptverhandlung erfolgt, auf Grund der für nöthig erachteten Erhebungen nach Anhörung der Staatsanwaltschaft von der Rathskammer zu treffen, welche auch den Beschuldigten unmittelbar einvernehmen kann. Gegen die Entscheidung der Rathskammer steht die Beschwerde an das Oberlandesgericht, welche sich nach den im §. 114 der Strafproceßordnung enthaltenen Vorschriften richtet, offen.

Das Gleiche gilt von der in der Hauptverhandlung ergehenden Entscheidung unbeschadet der Geltendmachung eines etwaigen Nichtigkeitsgrundes durch Nichtigkeitsbeschwerde.

Artikel XLV.

Über das Erlöschen der in den §§. 38 bis 42 des Strafgesetzes bezeichneten Wirkungen eines Strafurtheiles ist dem Verurtheilten auf Verlangen vom Gerichte eine Bestätigung zu ertheilen.

Beim Gerichtshofe erster Instanz steht die Entscheidung der Rathskammer zu; dagegen steht die Beschwerde offen, welche sich nach §. 114 der Strafproceßordnung richtet.

Artikel XLVI.

Bei Anwendung des gegenwärtigen Strafgesetzes richtet sich die Zuständigkeit der Strafgerichte nach folgenden Bestimmungen:

A. Vor die Geschwornengerichte gehört die Hauptverhandlung über alle Anklagen:

I. wegen der durch den Inhalt einer Druckschrift verübten Verbrechen und Vergehen; dies gilt jedoch nicht von den auf Privatanklage zu verfolgenden Beleidigungen;

II. wegen der in den §§. 91, 104, 114, 115, 116, 119, 123, 124, 138, 139, und 144 erwähnten Verbrechen und Vergehen, ferner über das im §. 150 erwähnte Vergehen, sofern es sich dabei um Hoch- oder Staatsverrath handelt.

III. wegen aller anderen Verbrechen, sofern im gegebenen Falle nach dem Gesetze auf Todesstrafe oder eine mehr als fünfjährige Freiheitsstrafe erkannt werden kann, wobei jedoch diejenigen Straferhöhungen nicht zu berücksichtigen sind, welche sich aus der Anwendung der §§. 25, 261, 274 und 280 des Strafgesetzes ergeben können.

2*

In den Fällen des §. 259 gehört die Hauptverhandlung und Entscheidung vor den Gerichtshof erster Instanz, wenn der Staatsanwalt vor Einbringung der Anklageschrift die Verweisung der Sache an den Gerichtshof erster Instanz beantragt und die Rathskammer zustimmt. In diesem Falle darf das erkennende Gericht eine mehr als fünfjährige Freiheitsstrafe nicht verhängen.

B. Die Hauptverhandlung und Entscheidung im Sinne der Zahl 1 des §. 13 der Strafproceßordnung kommt den Gerichtshöfen erster Instanz zu bei allen Anklagen:

I. wegen aller den Gerichten zur Aburtheilung zugewiesenen strafbaren Handlungen, welche nicht zu den unter A Z. I bis III erwähnten gehören, und wegen welcher im gegebenen Falle nach dem Gesetze auf eine Freiheitsstrafe von mehr als sechsmonatlicher Dauer oder auf eine Geldstrafe von mehr als 600 Gulden erkannt werden kann;

II. wegen der in den §§. 103, 105, 106, 132, 133, 134, 166, 179, 208, 210, 289, 291, 294, 296, 316, 369, 388, 391 vorgesehenen Vergehen, dann wegen aller Handlungen, welche durch das Preßgesetz vom 17. December 1862 (R. G. Bl. Nr. 6 vom Jahre 1863) und durch das Gesetz vom 15. October 1868 (R. G. Bl. Nr. 142) ferner durch das Gesetz vom 9. April 1873 (R. G. Bl. Nr. 70 über Erwerbs- und Wirtschaftsgenossenschaften und durch das Gesetz vom 28. Mai 1881 (G. G. Bl. Nr. 47) betreffend Abhilfe wider unredliche Vorgänge bei Creditgeschäften, als Vergehen bezeichnet sind.

In den Fällen der §§. 121, 128, 193, 231 Z. 1 und 3, 238, 248, 258 Z. 1 bis 7 und Z. 10, 267, 268, 269, 272 Z. 2, 293, 297, 357 des Strafgesetzes, ferner in den Fällen des §. 2 des Gesetzes vom 27. Mai 1885 (R. G. Bl. Nr. 134) betreffend den Gebrauch und die Gebarung mit Sprengstoffen gehört die Hauptverhandlung und Entscheidung vor das Bezirksgericht, wenn der Staatsanwalt die Verweisung der Sache an das Bezirksgericht beantragt und die Rathskammer zustimmt. In diesem Falle darf das erkennende Gericht eine mehr als sechsmonatliche Freiheitsstrafe nicht verhängen.

C. Die Bestimmungen der Strafproceßordnung über die Zuständigkeit für die Voruntersuchung und die Vorerhebungen wegen Verbrechen und Vergehen sind auf die strafbaren Handlungen zu beziehen, rücksichtlich welcher nach den vorstehenden Bestimmungen bei den Gerichtshöfen zu verfahren ist.

D. Rücksichtlich aller übrigen den Gerichten zur Aburtheilung zugewiesenen strafbaren Handlungen kommt das Verfahren in erster Instanz (§. 9, Zahl 1 der Strafproceßordnung) den Bezirksgerichten und die Verhandlung und Entscheidung über Rechtsmittel, welche gegen deren Erkenntnisse und Verfügungen ergriffen werden (§. 11, Zahl 2 der Strafproceßordnung), den Gerichtshöfen erster Instanz zu.

Artikel XLVII.

Mit dem Vollzuge dieses Gesetzes ist der Justizminister beauftragt.

Derselbe hat die zur Ausführung erforderlichen Verordnungen, und zwar insoweit, als dadurch der Wirkungskreis der anderen Minister berührt wird, im Einvernehmen mit diesen zu erlassen.

Strafgeſetz

über

Verbrechen, Vergehen und Übertretungen.

Erſter Theil.

Allgemeine Beſtimmungen.

I. Hauptſtück.

Einleitende Beſtimmungen.

§. 1.

Handlungen, welche dieſes Geſetz mit Staatsgefängnis von mehr als fünf Jahren oder mit Zuchthaus oder mit dem Tode bedroht, ſind Verbrechen;
Handlungen, die es mit Geldſtrafe von mehr als
300 Gulden, mit Staatsgefängnis bis zu fünf Jahren
oder mit Gefängnis bedroht, ſind Vergehen; Handlungen, die es mit Haft oder mit Geldſtrafe bis zu
300 Gulden bedroht, ſind Übertretungen.

Hierbei macht es keinen Unterſchied, ob die
bezeichnete Freiheitsſtrafe ausſchließend oder wahlweiſe neben einer milderen Strafart gedroht iſt.

Als Verbrechen werden nur vorſätzliche Handlungen beſtraft; als Vergehen werden vorſätzliche Handlungen, aus Fahrläſſigkeit begangene aber nur inſoferne beſtraft, als dies im Geſetze nach Wortlaut und
Zuſammenhang insbeſondere angeordnet iſt.

§. 2.

Eine Handlung kann nur dann mit einer
Strafe belegt werden, wenn dieſe Strafe geſetzlich
beſtimmt war, bevor die Handlung begangen wurde.

§. 3.

Dieſes Geſetz findet Anwendung auf alle im
Inlande begangenen Handlungen. Als Inland im
Sinne dieſes Geſetzes iſt das Gebiet anzuſehen, für
welches dasſelbe erlaſſen iſt.

Die außerhalb dieſes Gebietes erlittene Strafe
iſt in die im Inlande wegen derſelben ſtrafbaren, im
Inlande begangenen Handlung zu verhängende Strafe
einzurechnen.

§. 4.

Verbrechen und Vergehen, welche nicht im Inlande verübt werden, unterliegen der Behandlung nach den Bestimmungen dieses Gesetzes nur in folgenden Fällen:

1. Wenn eine der im I. Hauptstücke des zweiten Theiles bezeichneten hochverrätherischen Handlungen oder eines der im VII. Hauptstücke des zweiten Theiles bezeichneten Verbrechen in Beziehung auf inländisches Geld oder auf inländische, dem Papiergelde gleichgeachtete Werthpapiere begangen wurde;

2. wenn der Schuldige zur Zeit der That österreichischer Staatsbürger war;

3. wenn die Auslieferung des Schuldigen an die Behörden des Thatortes oder an jene seines Heimatslandes zur Untersuchung und Bestrafung entweder nicht zulässig oder nicht ausführbar ist, und der Justizminister die Einleitung der strafrechtlichen Verfolgung anzuordnen findet.

In die nach Z. 1 und 2 zu verhängende Strafe ist eine wegen derselben Handlung außerhalb des Geltungsgebietes dieses Gesetzes etwa bereits erlittene Strafe einzurechnen.

In dem unter Z. 3 erwähnten Falle darf die Strafe keine strengere sein, als welche nach dem Gesetze des Thatortes zu verhängen gewesen wäre, und ist die Verfolgung überhaupt nur unter denjenigen Voraussetzungen und Beschränkungen zulässig, welche für die Bestrafung der begangenen Handlung nach den Gesetzen des Thatortes maßgebend wären.

§. 5.

Übertretungen, welche außerhalb des Geltungsgebietes dieses Gesetzes begangen werden, sind nur dann zu bestrafen, wenn dies durch besondere Gesetze oder durch Verträge angeordnet ist.

§. 6.

Angehörige der Länder, für welche dieses Gesetz erlassen ist, dürfen zum Zwecke einer strafrechtlichen Verfolgung oder eines Strafvollzuges an einen fremden Staat nicht ausgeliefert werden.

Die Angehörigen der Länder der ungarischen Krone sind zu dem erwähnten Zwecke, wenn die Voraussetzungen einer Auslieferung an den fremden Staat eintreten, immer den Behörden ihres Heimatsortes zu übergeben.

§. 7.

In den Ländern, für welche dieses Strafgesetz Geltung hat, darf ein Strafurtheil, welches von der Behörde eines fremden Staates oder der Länder der ungarischen Krone gefällt wurde, niemals vollzogen werden.

II. Hauptstück.

Strafen.

§. 8.

Die Todesstrafe wird mit dem Strange vollzogen.

Im standrechtlichen Verfahren kann der Vollzug auch durch Erschießen stattfinden.

§. 9.

Die zur Zuchthausstrafe Verurtheilten werden in den für dieselben bestimmten Anstalten verwahrt, erhalten eine besondere und gleichförmige Sträflingskleidung und werden auf die von der Anstalt gebotene Nahrung und Lagerstätte beschränkt.

Sie sind zu den eingeführten Arbeiten anzuhalten und können unter Beaufsichtigung auch zu Arbeiten außerhalb der Strafanstalt verwendet, müssen aber hiebei von anderen Arbeitern getrennt und überhaupt von anderen Personen thunlichst ferngehalten werden.

§. 10.

Die Strafe des Staatsgefängnisses darf nur in besonders hiezu bestimmten Anstalten und nur in Räumen vollstreckt werden, welche von den zur Aufnahme anderer Sträflinge dienenden Gefängnissen äußerlich erkennbar getrennt sind.

Die Beschäftigung und Lebensweise der im Staatsgefängnisse Verwahrten unterliegt der steten Beaufsichtigung, und es wird ihnen eine Unterredung mit Personen, die nicht unmittelbar auf ihre Verwahrung bezughaben, nur unter den durch die Hausordnung gebotenen Beschränkungen gestattet.

Unter eben diesen Beschränkungen ist ihnen freigestellt, sich ihre Beschäftigung zu wählen und sich auf eigene Kosten zu verpflegen. Eine zwangsweise Anhaltung zur Arbeit findet nicht statt.

§. 11.

Die Gefängnisstrafe wird entweder in den hiezu bestimmten Anstalten oder in den Gerichtsgefängnissen vollstreckt.

Die zu dieser Strafe Verurtheilten sind auf die dort gebotene Nahrung beschränkt. In Betreff der Kleidung und der Lagerstätte gelten die Hausordnungen. Die Verurtheilten sind zu einer ihren Fähigkeiten und Verhältnissen entsprechenden Beschäftigung anzuhalten. Die Wahl derselben ist ihnen unter den durch die Hausordnung gebotenen Beschränkungen gestattet, wenn der verursachte Schaden, soweit derselbe seiner Natur nach einen Ersatz zuläßt, vergütet ist, die Kosten des Strafverfahrens bezahlt wurden und der Ersatz der Kosten des Strafvollzuges gesichert ist. Zu Arbeiten außerhalb der Strafanstalt dürfen sie nur mit ihrer Zustimmung verwendet werden.

In besonders rücksichtswürdigen Fällen kann
auch das erkennende Gericht im Urtheile aussprechen,
daß der Verurtheilte unter den im vorigen Absatze
bezeichneten Beschränkungen und Voraussetzungen von
der Verpflichtung zur Arbeit enthoben und ihm gestattet werde, sich auf eigene Kosten zu verpflegen.

§. 12.

Die Strafe der Haft wird in den Gerichtsgefängnissen vollstreckt und besteht in einfacher Freiheitsentziehung. Die Verurtheilten können zu einer
Beschäftigung angehalten werden. Im übrigen gelten
bezüglich der Beschäftigung die Bestimmungen des
§. 11.

§. 13.

Die Zuchthausstrafe, die Gefängnisstrafe, wenn
letztere nicht wegen einer der in den I. bis VI. Hauptstücken des zweiten Theiles bezeichneten strafbaren
Handlungen verhängt worden ist, so wie die Strafe
der Haft kann vom Gerichte, wenn durch die Umstände, unter welchen die strafbare Handlung begangen
gen worden ist oder durch die Eigenschaft des Thäters
eine strengere Behandlung geboten ist, für die ganze
Freiheitsstrafe oder einen Theil derselben, jedoch nicht
für länger als fünf Jahre auf nachstehende Weise
verschärft werden:

1. Durch Fasten, welches in Beschränkung auf
Wasser, Brot und einmal warme Suppe oder bloß
auf Wasser und Brot zu bestehen hat und wöchentlich
nicht öfter als zweimal in Anwendung kommen darf;

2. durch hartes Lager auf Brettern, welches
wöchentlich nicht öfter als zweimal in Anwendung
kommen darf;

3. durch einsame Absperrung in dunkler Zelle,
welche jedoch ununterbrochen nicht über vier und zwanzig Stunden und dann erst nach einem Zwischenraume
von einer Woche wieder stattfinden darf.

§. 14.

Die Zuchthaus- und die Staatsgefängnisstrafe
wird entweder auf Lebensdauer oder auf bestimmte
Zeit verhängt. Die längste Dauer der zeitigen Strafe
beträgt zwanzig Jahre.

Wo das Gesetz diese Strafarten nicht ausdrücklich als lebenslängliche androht, sind sie zeitige.

Die längste Dauer der Gefängnisstrafe beträgt
fünf Jahre, jene der Haft zwei Monate, vorbehaltlich
der in den §§. 25, 63, 261, 274 und 280 enthaltenen Bestimmungen.

Die kürzeste Dauer ist bei Zuchthaus ein Jahr
bei Gefängnis und Staatsgefängnis ein Tag. Diese
Freiheitsstrafen dürfen nur nach vollen Tagen bemessen
werden.

§. 15.

Wo das Gesetz die Wahl zwischen Zuchthaus
und Staatsgefängnis gestattet, ist auf Zuchthaus zu

erkennen, wenn die strafbare Handlung aus verächtlicher Gesinnung entsprungen ist.

Bei der vom Gesetze gestatteten Wahl zwischen
Zuchthaus und Gefängnis oder zwischen einer Freiheitsstrafe und Geldstrafe ist auf die Beschaffenheit
des Falles und auf die der strafbaren Handlung zugrunde liegende Gesinnung des Thäters Rücksicht zu
nehmen.

Läßt das Gesetz die Wahl zwischen einer Freiheitsstrafe und einer Geldstrafe, so kann in rücksichtswürdigen Fällen ganz oder theilweise auf Geldstrafe
erkannt werden.

§. 16.

In den in den I. bis VI. Hauptstücken des
zweiten Theiles bezeichneten Fällen, in welchen Gefängnis, jedoch nicht wahlweise neben Zuchthaus angedroht ist und die Schmälerung der staatsbürgerlichen Rechte nicht verhängt wird, kann auf Staatsgefängnis erkannt werden, wenn sowohl die Beschaffenheit der That als auch die Persönlichkeit des
Schuldigen diesen als einer solchen Ausnahme be-
dürftig und würdig erscheinen lassen.

§. 17.

Bei Umwandlung der Freiheitsstrafen ist einjähriges Gefängnis oder Staatsgefängnis einer acht-
monatlichen Zuchthausstrafe und dreitägige Haft einer
zweitägigen Gefängnis- oder Staatsgefängnisstrafe
gleich zu achten.

Ergeben sich bei der Umwandlung Bruchtheile
eines Tages, so sind dieselben nicht in Anrechnung
zu bringen.

Gefängnis und Staatsgefängnis sind bei der
Umwandlung einander gleichzuachten.

§. 18.

Wo die Räumlichkeiten es gestatten, kann die
zeitige Zuchthausstrafe und die Gefängnisstrafe ganz
oder theilweise in Einzelnhaft vollzogen werden.

Im übrigen wird die Anwendung der Einzelnhaft durch ein besonderes Gesetz geregelt.

§. 19.

Sträflinge, welche zu zeitiger Freiheitsstrafe
verurtheilt sind, können, nachdem sie ein Jahr in
der Strafhaft zugebracht und drei Viertheile ihrer
Strafe verbüßt haben, für den Rest der Strafzeit
auf Widerruf entlassen werden, wenn ihr Verhalten
während der Haft in Verbindung mit den übrigen
Umständen hinreichende Beruhigung darüber gewährt,
daß ihre Entlassung die öffentliche Ordnung nicht
gefährden und daß ihr Benehmen dem Gesetze entsprechen werde.

Insbesondere müssen diejenigen, welche darauf
angewiesen sind, ihren Unterhalt selbst zu verdienen,
vermöge ihrer Erwerbsfähigkeit, Sparsamkeit und

in der Strafzeit bezeugten Arbeitsamkeit die Gewähr bieten, daß sie sich ehrlich fortbringen werden.

Unter denselben Voraussetzungen können auch die zu lebenslänglicher Freiheitsstrafe Verurtheilten nach Verbüßung einer fünfzehnjährigen Strafhaft auf Widerruf entlassen werden.

Ausgeschlossen von der Entlassung auf Widerruf sind diejenigen, welche unter die Bestimmung des §. 251. 3. 3, oder der §§. 261, 274 und 280) fallen.

§. 20.

Die Entlassung kann widerrufen werden, wenn das Betragen des Entlassenen das in ihn gesetzte Vertrauen nicht rechtfertigt.

Der Widerruf hat die Wirkung, daß der Sträfling zur Abbüßung des zur Zeit der Entlassung noch nicht in Vollzug gesetzten Restes seiner urtheilsmäßigen Strafe verhalten wird. Eine neuerliche Entlassung auf Widerruf ist bei dem Eintreten besonders rücksichtswürdiger Umstände nicht ausgeschlossen.

§. 21.

Unter den im ersten Absatze des §. 20 erwähnten Voraussetzungen kann in dringenden Fällen auch die Sicherheitsbehörde des Ortes, in welchem sich der Entlassene aufhält, dessen vorläufige Verwahrung verfügen. Diese Behörde hat jedoch sofort den Beschluß über den endgiltigen Widerruf einzuholen.

Wird der Widerruf beschlossen, so ist die Dauer der vorläufigen Haft in den abzubüßenden Strafrest einzurechnen.

§. 22.

Ist die urtheilsmäßige Strafzeit abgelaufen, ohne daß ein Widerruf der Entlassung erfolgt ist, so gilt die Freiheitsstrafe als verbüßt.

§. 23.

Über die Entlassung und den Widerruf derselben entscheidet der Justizminister nach Anhörung der Strafvollzugscommission.

§. 24.

Geldstrafen dürfen bei Verurtheilung wegen eines Verbrechens nicht weniger als zehn Gulden, bei Vergehen nicht weniger als fünf Gulden und in Übertretungsfällen nicht weniger als einen Gulden betragen.

Bei Bemessung der Geldstrafen ist stets auf die Vermögens-, Erwerbs- und Einkommensverhältnisse des Verurtheilten Rücksicht zu nehmen.

§. 25.

In jedem Urtheile, durch welches eine Geldstrafe verhängt wird, ist zugleich die Freiheitsstrafe zu bestimmen, welche im Falle der Uneinbringlichkeit an die Stelle der ersteren zu treten hat.

Ist auf eine Geldstrafe allein erkannt worden, so besteht die an deren Stelle zu bestimmende Freiheitsstrafe bei Übertretungen und bei Vergehen in Haft; es ist aber Staatsgefängnis zu bestimmen, wenn die Bedingungen des §. 16 vorliegen, oder wenn die anzuwendende Strafbestimmung nur die Wahl zwischen Staatsgefängnis und Geldstrafe zuläßt.

Ist auf eine Geldstrafe neben einer Freiheitsstrafe erkannt worden, so ist erstere in die gleiche Freiheitsstrafe umzuwandeln und hiebei eine Überschreitung des im §. 14 festgesetzten allgemeinen Höchstmaßes der Gefängnis- und der Haftstrafe gestattet.

§. 26.

Bei der Umwandlung einer Geldstrafe in eine Freiheitsstrafe kann eintägiges Zuchthaus für einen Strafbetrag von 3 bis 15 fl., eintägiges Gefängnis oder Staatsgefängnis für einen Strafbetrag von 2 bis 10 fl., und eintägige Haft für einen solchen von 1 bis 10 fl. verhängt werden, doch darf im ganzen höchstens auf achtmonatliches Zuchthaus oder einjähriges Gefängnis oder Staatsgefängnis oder auf zweimonatliche Haft erkannt und wenn auf die strafbare Handlung neben der Geld- eine Freiheitsstrafe wahlweise angedroht ist, das für diesen Fall geltende Höchstmaß der letzteren nicht überschritten werden.

Wenn an Stelle einer Geldstrafe, welche den Betrag von 10 fl. nicht erreicht, Haft bestimmt wird, kann für den Fall der Uneinbringlichkeit auch kürzere als eintägige Haft verhängt werden.

§. 27.

Der Vollzug einer an die Stelle einer Geldstrafe getretenen Freiheitsstrafe kann durch Erlegung des Strafbetrages, soweit dieser durch die erlittene Strafhaft nicht getilgt ist, abgewendet werden.

§. 28.

Aus dem Nachlasse darf eine Geldstrafe nur dann eingebracht werden, wenn das Urtheil bei Lebzeiten des Verurtheilten rechtskräftig geworden ist.

Die zwangsweise Eintreibung der Geldstrafe darf nur insoweit stattfinden, als hiedurch nicht der Nahrungsbetrieb des hinterlassenen Ehegatten oder der Kinder gefährdet wird.

§. 29.

Für eine zuerkannte Geldbuße haften die zu derselben Verurtheilten als Gesammtschuldner.

Die Zuerkennung einer Geldbuße schließt die Zuerkennung einer weiteren Entschädigung durch den Strafrichter aus. Wird eine solche bei dem Civilrichter verlangt, so hat dieser die Geldbuße abzurechnen.

§. 30.

Gegenstände, welche durch ein Verbrechen oder ein vorsätzliches Vergehen hervorgebracht oder zur Verübung eines solchen gebraucht oder bestimmt worden sind, können für verfallen erklärt werden, wenn sie dem Thäter oder einem Theilnehmer gehören.

Der Verfall solcher Gegenstände, dieselben mögen wem immer gehören, muß ausgesprochen werden, wenn sie nach ihrer eigentlichen Bestimmung zu einem rechtswidrigen Zwecke dienen.

Inwieweit in Übertretungsfällen der Verfall von Gegenständen eintritt, wird im besonderen Theile bestimmt.

Bei Handlungen, welche nur auf Grund einer Privatanklage bestraft werden können, wird der Verfall nur auf Begehren des Privatanklägers ausgesprochen.

§. 31.

Der Lohn oder das Geschenk, durch dessen Annahme, Verabreichung oder Anbietung eine strafbare Handlung begangen oder bezweckt wurde, oder dessen Wert kann für verfallen erklärt werden, insoweit es ohne Verletzung der Rechte Nichtschuldiger thunlich ist.

§. 32.

Wird dem durch die strafbare Handlung Verletzten von dem Strafgerichte ein bestimmter Entschädigungsbetrag oder eine Geldbuße zuerkannt, so sind die für verfallen erklärten Gegenstände (§§. 30 und 31), insoweit keine polizeilichen Bedenken entgegenstehen, auf Verlangen zu seiner Entschädigung zu verwenden.

§. 33.

Findet die Verfolgung oder Verurtheilung einer bestimmten Person nicht statt, so kann auf den Verfall selbständig erkannt werden.

Eben dies gilt auch von der Anordnung der Unschädlichmachung und ähnlichen Verfügungen über einzelne Gegenstände, welche auf Grund des Strafgesetzes neben der Verhängung der Strafe getroffen werden können.

§. 34.

Wer die Ausübung eines ärztlichen, technischen oder eines anderen Berufes, welcher nur gegen Nachweis besonderer Kenntnisse oder Fertigkeiten zugänglich ist, zur Begehung eines Verbrechens oder Vergehens vorsätzlich mißbraucht, dem kann die Ausübung dieses Berufes für die Dauer von 6 Monaten bis zu 3 Jahren und bei besonderer Gefährlichkeit für immer untersagt werden.

Hat jemand bei Ausübung eines solchen Berufes durch eine strafbare Handlung einen solchen Mangel an den erforderlichen Kenntnissen oder Fertigkeiten an den Tag gelegt, daß es gefährlich erschiene, ihm die weitere Ausübung des Berufes zu gestatten, so ist ihm die Ausübung für solange zu untersagen, bis er die Aneignung der erforderlichen Kenntnisse oder Fertigkeiten bei der zuständigen Behörde nachweist.

§. 35.

Neben der Zuchthaus- und Gefängnißstrafe, sowie neben Haft kann in den Fällen, wo es das Gesetz ausdrücklich gestattet, auf Zulässigkeit der Stellung unter Polizeiaufsicht erkannt werden.

Ein besonderes Gesetz bestimmt die Wirkungen und die Dauer der Polizeiaufsicht und die Behörden, welche zu ihrer Ausführung berufen sind.

§. 36.

In den Fällen, in welchen Polizeiaufsicht gestattet ist, kann gegen arbeitsscheue und für die Sicherheit des Eigenthums gefährliche Personen auf Zulässigkeit der Verwahrung in einer Zwangsarbeits- oder Besserungsanstalt nach überstandener Strafe erkannt werden, wenn Polizeiaufsicht als unzureichend erachtet wird.

Die Verwahrung in solchen Anstalten wird durch besondere Gesetze geregelt.

§. 37.

Neben einer Freiheitsstrafe kann auf Verweisung aus einem bestimmten Orte, Bezirke, Lande oder aus dem ganzen Geltungsgebiete dieses Gesetzes erkannt werden, wenn das Verbleiben des Verurtheilten daselbst für die Sicherheit der Person oder des Eigenthums, oder für die öffentliche Sittlichkeit gefährlich erscheint.

Die Verweisung aus einem Orte gilt stets für den ganzen Polizeirayon, zu welchem dieser Ort gehört.

Die Verweisung kann entweder für bestimmte Zeit oder für immer, aber niemals rücksichtlich desjenigen Ortes, dem der Verurtheilte vermöge seiner Zuständigkeit angehört, ausgesprochen werden. Die Verweisung aus dem ganzen Geltungsgebiete dieses Gesetzes kann gegen solche, denen daselbst das Staatsbürgerrecht zusteht, nicht verfügt werden.

§. 38.

Mit jeder Verurtheilung zur Todes- oder Zuchthausstrafe ist von rechtswegen Schmälerung der staatsbürgerlichen Rechte verbunden.

Mit jeder Verurtheilung zu einer mehr als sechsmonatlichen Freiheitsstrafe ist der Verlust aller Staats- und anderen öffentlichen Ämter und Dienste, daher auch derjenigen eines Landes, Bezirkes oder einer Gemeinde von rechtswegen verbunden.

§. 39.

Neben der Gefängnißstrafe kann in folgenden Fällen auf Schmälerung der staatsbürgerlichen Rechte erkannt werden:

1. Wenn die That von Unredlichkeit oder Schamlosigkeit Zeugnis gibt;

Rechte erkannt, so kann das Gericht aussprechen, daß einzelne der vorstehend erwähnten Wirkungen derselben, welche im Urtheil ausdrücklich zu benennen sind, nicht mit verhängt werden.

Der Verlust eines akademischen Grades hat für sich allein den Verlust der nach dem Gesetze damit verbundenen Berechtigung zur Ausübung eines bestimmten Berufes oder der Befähigung zur Erlangung solcher Berufsstellungen nicht zur Folge.

Wenn die Schmälerung der staatsbürgerlichen Rechte eintritt, kann vom Gerichte auf die Entziehung der aus öffentlichen Kassen zu beziehenden Pensionen, Provisionen, Erziehungsbeiträge, sonstigen Bezüge und Gnadengaben erkannt werden.

§. 43.

Inwiefern eine strafrechtliche Verurtheilung den Verlust der Mitgliedschaft am Reichsrathe und an den Landtagen, sowie den Verlust des Wahlrechtes und der Wählbarkeit für diese Vertretungskörper zur Folge hat, bestimmen besondere Gesetze.

§. 44.

Die in den §§. 38 bis 42 bezeichneten Wirkungen eines Strafurtheiles treten mit der Rechtskraft desselben ein.

Die im §. 41 erwähnten Fristen beginnen mit dem Zeitpunkte, in welchem die Freiheitsstrafe verbüßt oder als getilgt anzusehen ist. Durch den bloßen Ablauf derselben werden die in Gemäßheit des §. 42, Z. 1 und 2, sowie jene verlorenen Berechtigungen, welche sich auf öffentliche Wahlen, eine behördliche Ernennung oder Bestätigung gründen, nicht wieder erlangt.

§. 45.

Der zu einer Freiheitsstrafe Verurtheilte darf während der Dauer derselben ein öffentliches Amt, einen öffentlichen Dienst, die Advocatur, das Notariat und die Agentie nicht ausüber; auch ist ihm der Gebrauch der im §. 42, Z. 2 und 3, bezeichneten Titel, Würden und Berechtigungen, sowie die Ausübung des Wahl- und Stimmrechtes in öffentlichen Angelegenheiten und das Tragen von in- und ausländischen Orden und Ehrenzeichen untersagt.

§. 46.

Ist jemand außerhalb des Geltungsgebietes dieses Gesetzes wegen einer Handlung bestraft worden welche die in den §§. 38 bis 42 bezeichneten Folgen nach sich ziehen kann, einer weiteren Bestrafung im Sinne des §. 4 jedoch nicht unterliegt, so kann ein neues Verfahren zu dem Zwecke eingeleitet werden, um gegen den Schuldigen über den Eintritt jener Folgen zu erkennen.

3

§. 62.

Wenn die gerichtliche Bestrafung einer jugendlichen Person aus den in den §§. 60 und 61 angeführten Gründen nicht stattfinden kann, so sind diejenigen, durch welche die jugendliche Person zu der Handlung vorsätzlich veranlasst wurde, so zu bestrafen, als wenn sie die Handlung selbst begangen hätten.

§. 63.

Personen, welche zur Zeit der Verübung einer strafbaren Handlung das zwölfte, aber nicht das achtzehnte Lebensjahr zurückgelegt haben, sind, wenn sie die zur Erkenntnis der Strafbarkeit der That erforderliche Einsicht besaßen, nach den folgenden Bestimmungen zu bestrafen:

1. Ist die Handlung mit dem Tode bedroht, so ist auf Gefängnis von drei bis zu zwanzig Jahren zu erkennen.

2. Ist die Handlung mit lebenslänglichem Staatsgefängnis oder Zuchthaus bedroht, so tritt im ersteren Falle Staatsgefängnis, im zweiten Falle Gefängnis in der Dauer von drei bis zu fünfzehn Jahren ein.

3. In anderen Fällen darf die Strafe die Hälfte des Höchstmaßes der auf die Handlung gedrohten Strafe nicht übersteigen und kann bis auf das gesetzliche Mindestmaß der gedrohten Strafart (§. 14) herabgegangen werden. Statt Zuchthausstrafe ist jedoch Gefängnis in gleicher Dauer zu verhängen.

Bei der Vollziehung der Freiheitsstrafen sind, solche jugendliche Personen von anderen Sträflingen, welche einen nachtheiligen Einfluss auf dieselben üben könnten, strenge gesondert zu halten.

Gegen denjenigen, welcher zu einer Zeit, wo er zwar das achtzehnte, aber nicht das zwanzigste Lebensjahr zurückgelegt hatte, eine That begieng, auf welche das Gesetz die Todesstrafe oder lebenslängliche Freiheitsstrafe verhängt, ist im ersten Falle auf Zuchthaus von zehn bis zu zwanzig Jahren, im zweiten Falle auf die angedrohte Freiheitsstrafe in der Dauer von fünf bis zu zwanzig Jahren zu erkennen.

§. 64.

Die von einem Verurtheilten erduldete Untersuchungs- oder Verwahrungshaft kann bei zeitigen Freiheits- und bei Geldstrafen in Anrechnung gebracht werden.

Das Gericht hat in solchen Fällen im Urtheile das Ausmaß der Strafe zu bestimmen und auszusprechen, inwieweit diese durch die erwähnte Haft abgebüßt sei. Bei einer Freiheitsstrafe darf jedoch die Untersuchungs- und Verwahrungshaft höchstens als Ersatz für einen gleichen Zeitabschnitt der Freiheitsstrafe angerechnet werden.

Unter dieser Voraussetzung kann auch die ganze im Urtheile bestimmte Strafe als durch die Untersuchungs- oder Verwahrungshaft abgebüßt erklärt werden.

§. 72.

Bei Verbrechen, welche mit dem Tode bedroht sind, ist die Verjährung ausgeschlossen.

Wenn aber seit der Verübung eines solchen Verbrechens oder von der Zeit an, als ein auf Todesstrafe lautendes Urtheil rechtskräftig geworden ist, ein Zeitraum von zwanzig Jahren verstrichen ist, so kommt statt der Todesstrafe Zuchthaus in der Dauer von fünfzehn bis zu zwanzig Jahren in Anwendung.

§. 73.

Mit der Verjährung einer rechtskräftig erkannten Hauptstrafe entfallen weder die erkannten Nebenstrafen, noch die gesetzlichen Folgen des Strafurtheiles.

Soweit dieselben auf eine bestimmte Zeit nach Verbüßung der Strafe beschränkt sind, ist der Zeitpunkt des Eintrittes der Verjährung dem Ende der Strafzeit gleichzuachten.

§. 74.

Inwieweit die Strafbarkeit einer Handlung, welche nur auf Antrag oder auf Grund der Privatanklage des Verletzten erfolgt werden darf, durch ausdrücklichen oder stillschweigenden Verzicht des Berechtigten erlischt, wird im VII. Hauptstück bestimmt.

VI. Hauptstück.

Zusammentreffen mehrerer strafbarer Handlungen.

§. 75.

Wenn durch eine und dieselbe Handlung verschiedene Bestimmungen des Strafgesetzes verletzt sind, so ist nur eine Strafe zu verhängen; hiebei kommt ein Strafsatz in Anwendung, welcher sich in Bezug auf Art, Höchst- und Mindestausmaß nach denjenigen der verletzten Bestimmungen zu richten hat, welche in dieser Hinsicht die strengsten sind.

Hieburch wird an dem Wahlrechte des Richters nichts geändert, wenn in der strengsten der verletzten Bestimmungen zwei oder mehrere Strafarten wahlweise angedroht sind.

Ist das hienach zur Anwendung kommende Höchst- oder Mindestausmaß größer als das in den verletzten Bestimmungen für die schwerste Strafart vorgezeichnete, so ist es nach dem im §. 17 bezeichneten Maßstabe umzurechnen.

Ist in einer der verletzten Bestimmungen Staatsgefängnis, in der anderen Gefängnis angedroht, so ist unbeschadet der Bestimmung des §. 16 auf letzteres zu erkennen.

§. 76.

Die Bestimmungen des §. 75 finden auch Anwendung, wenn jemand durch mehrere selbständige Handlungen mehrere verschiedene Verbrechen

Vergehen oder Übertretungen begangen hat, oder wenn durch mehrere selbständige Handlungen dasselbe Verbrechen oder Vergehen oder dieselbe Übertretung mehrmals begangen wurde.

§. 77.

Bei den strafbaren Handlungen, bei welchen die Anwendung eines strengeren Strafsatzes davon abhängt, daß der Wert der angegriffenen Sache oder der zugefügte Schade einen bestimmten Betrag übersteigt, macht es keinen Unterschied, ob dieser Betrag aus einem oder mehreren gleichzeitigen oder wiederholten, dieselbe strafbare Handlung begründenden Angriffen hervorgeht und ob die wiederholten strafbaren Handlungen sämmtlich oder zum Theile vollendet oder nur versucht worden sind.

§. 78.

Die Bestimmungen über Nebenstrafen und Folgen finden Anwendung, wenn sie auch nur auf eine der mehreren strafbaren Handlungen angedroht sind.

Auch kann Geldstrafe neben Freiheitsstrafe verhängt werden, wenn nur eine der zusammentreffenden Handlungen mit Geldstrafe bedroht ist.

§. 79.

Stellt sich nach erfolgter Verurtheilung wegen einer strafbaren Handlung heraus, daß der Thäter sich vor der Verurtheilung noch einer anderen strafbaren Handlung schuldig gemacht hat, so ist bei Bestrafung der letzteren auf die in dem ersten Urtheile verhängte Strafe Rücksicht zu nehmen. Die Anwendung der Todesstrafe ist durch diese Rücksicht nicht ausgeschlossen.

Die Verfolgung und Bestrafung kann unterbleiben, sobald anzunehmen ist, daß bei der ersten Aburtheilung keine erheblich schwerere Strafe eingetreten wäre, wenn auch über beide Straffälle gleichzeitig erkannt worden wäre.

VII. Hauptstück.

Strafverfolgung.

§. 80.

So weit das Gesetz nicht etwas anderes anordnet, sind alle strafbaren Handlungen Gegenstand der öffentlichen Anklage und ist diese auch ohne und selbst gegen den Antrag des durch die strafbare Handlung Verletzten zu erheben und durchzuführen.

§. 81.

Ist im Gesetze ausgesprochen, daß die Verfolgung einer strafbaren Handlung nur auf Antrag stattfinde, so darf die öffentliche Anklage wegen derselben nicht erhoben werden, wenn nicht der zur Stellung des Antrages Berechtigte ausdrücklich die Einleitung des Strafverfahrens wegen derselben beantragt hat.

Der zur Stellung des Antrages Berechtigte kann sich jederzeit als Privatbetheiligter dem Strafverfahren anschließen.

§. 82.

Ist der im §. 81 erwähnte Antrag gestellt, so findet die öffentliche Anklage wegen der That wider alle an derselben Betheiligten statt, gleichviel, ob in dem Antrage ein Beschuldigter überhaupt nicht genannt ist oder ob einzelne Betheiligte ausdrücklich oder stillschweigend von dem Antrage ausgenommen werden.

Der Antrag kann nicht zurückgenommen werden.

§. 83.

Ist im Gesetze ausgesprochen, daß eine Handlung nur auf Grund einer Privatanklage (§. 2, Absatz 2 und §. 46 der Strafproceßordnung) bestraft werden könne, so findet die strafrechtliche Verfolgung nur gegen jene Personen statt, bezüglich welcher der hiezu Berechtigte die Privatanklage erhebt und durchführt.

Auf Antrag des Privatanklägers können auch Vorerhebungen zur Erforschung unbekannter Thäter und Theilnehmer gepflogen werden.

Die Privatanklage kann bis zum Eintritte der Rechtskraft des Strafurtheiles zurückgenommen werden.

§. 84.

Das Recht, die Verfolgung zu beantragen (§. 81) oder die Privatanklage zu erheben, kommt, insofern das Gesetz keine besondere Bestimmung trifft, dem durch die strafbare Handlung in seinem Rechte unmittelbar Verletzten zu.

Für Minderjährige, für Geisteskranke und für Körperschaften übt dieses Recht deren gesetzlicher Vertreter, und wenn dieser selbst der Schuldige ist, jene Person aus, welche von der Pflegschafts- oder Aufsichtsbehörde hiezu bestimmt wird.

Minderjährige, welche das achtzehnte Lebensjahr zurückgelegt haben, können das Recht auch selbstständig ausüben.

§. 85.

Soweit das Gesetz nicht anders verfügt (§. 183), geht das Recht des durch eine strafbare Handlung Verletzten, die Verfolgung zu beantragen und die Privatanklage zu erheben oder fortzuführen, bei seinem Tode auf seine Erben über; es kann in diesem Falle aber auch von seinen Verwandten ersten und zweiten Grades und von dem hinterbliebenen Ehetheile ausgeübt werden.

§. 86.

Das Recht, auf die Verfolgung anzutragen oder die Privatanklage zu erheben, erlischt durch ausdrücklichen oder stillschweigenden Verzicht.

Stillschweigender Verzicht tritt ein, wenn das Recht nicht innerhalb dreier Monate von dem Zeitpunkte angefangen, in welchem dem Berechtigten die strafbare Handlung und die Person des Schuldigen bekannt geworden ist, ausgeübt wird.

Stirbt der Verletzte, ohne auf sein Recht verzichtet zu haben, so erlischt dasselbe, wenn es nicht binnen drei Monaten nach seinem Tode ausgeübt wird.

§. 87.

Sind mehrere Berechtigte vorhanden, so genügt das Vorgehen eines derselben. Der ausdrückliche oder stillschweigende Verzicht eines derselben berührt das Recht der anderen nicht.

Ist die gerichtlich erhobene Privatanklage durch Urtheil erledigt, so kann sie auch von anderen zur Privatanklage Berechtigten nicht mehr aufgenommen werden.

§. 88.

Wenn in Fällen des §. 207 von einem Theile die Privatanklage erhoben worden ist, so ist der andere Theil bei Verlust seines Rechtes verpflichtet, die Anklage spätestens vor Schluß der Verhandlung in erster Instanz einzubringen, hiezu aber auch dann berechtigt, wenn zu jenem Zeitpunkt die im §. 86 bestimmte Frist bereits verstrichen ist.

Zweiter Theil.

Verbrechen und Vergehen.

I. Hauptstück.

Hochverrath, Staatsverrath und Vergehen wider die Kriegsmacht des Staates.

§. 89.

Des Hochverrathes macht sich schuldig, wer es unternimmt:

1. Den Kaiser zu tödten, am Körper oder an der Gesundheit zu verletzen, denselben des Gebrauches der persönlichen Freiheit zu berauben oder an der Ausübung seiner Regierungsrechte zu hindern;

2. die gesetzliche Thronfolgeordnung der Monarchie oder die Staatsgrundgesetze oder die Landesverfassung eines der im Reichsrathe vertretenen Länder oder den Verband zwischen diesen Ländern und den Ländern der ungarischen Krone gewaltsam zu ändern;

3. das Gebiet der Monarchie oder einen Theil desselben einem fremden Staate gewaltsam einzuverleiben oder einen Theil des Gebietes von dem bestehenden Staatsverbande loszureißen.

Der Hochverrath wird in den Fällen der §. 1 mit Zuchthaus nicht unter fünf Jahren, wenn aber der Kaiser an Körper oder Gesundheit verletzt, oder seiner persönlichen Freiheit beraubt, oder wenn ein Angriff auf das Leben desselben unternommen wurde, mit dem Tode bestraft.

In den Fällen der §. 2 und 3 ist Zuchthaus oder Staatsgefängnis nicht unter fünf Jahren, und wenn das Unternehmen ein besonders gefährliches war, auf Lebensdauer zu verhängen.

§. 90.

Wegen Vorbereitung eines hochverrätherischen Unternehmens (§. 89) wird mit Zuchthaus oder Staatsgefängnis von einem bis zu zehn Jahren bestraft:

1. Wer mit Anderen die Ausführung eines hochverrätherischen Unternehmens (§. 89) verabredet, oder sich zu diesem Behufe mit einer auswärtigen Regierung einläßt, die ihm über Andere zustehende Macht misbraucht, eine ihm nicht zukommende Macht über Andere sich anmaßt oder Truppen anwirbt, ansammelt oder in den Waffen einübt;

2. wer öffentlich, d. i. vor einer Menschenmenge, in einer Druckschrift, durch Verbreitung von Schriften oder Darstellungen, oder durch Anschlag oder Ausstellung derselben an einem allgemein zugänglichen Orte zu einem hochverrätherischen Unternehmen (§. 89) auffordert.

§. 91.

Außer den Fällen des §. 90 wird die Vorbereitung eines hochverrätherischen Unternehmens (§. 89) mit Zuchthaus oder Staatsgefängnis von einem bis zu drei Jahren bestraft.

§. 92.

Die Strafbarkeit der in den §§. 89 bis 91 erwähnten Handlungen erlischt, wenn der Schuldige aus eigenem Antriebe und nicht wegen eingetretener Entdeckung oder anderer Hindernisse von der Vorbereitung oder begonnenen Ausführung des Unternehmens zurücktritt, und jeder aus seiner Thätigkeit oder der seiner Genossen etwa entstandene Nachtheil durch ihn selbst oder infolge einer von ihm rechtzeitig an die Obrigkeit erstatteten Anzeige vollständig beseitigt wird.

§. 93.

Wegen Staatsverrathes wird mit Zuchthaus oder Staatsgefängnis nicht unter fünf Jahren und

bei besonderer Gefährlichkeit der That auf Lebensdauer bestraft:

1. Ein Angehöriger der Monarchie, welcher
während eines gegen dieselbe geführten Krieges die
Waffen gegen die Streitkräfte der Monarchie oder
gegen die der Bundesgenossen des Kaisers trägt;

2. wer bei unmittelbar bevorstehendem oder aus-
gebrochenem Kriege es unternimmt, dem Feinde einen
Vortheil zu verschaffen, oder den Streitkräften der
Monarchie oder denen der Bundesgenossen des Kaisers
einen Nachtheil zuzufügen, insbesondere unter ihnen
Meuterei zu erregen, Pässe, befestigte Plätze, Kriegs-
schiffe, Magazine, Kriegsvorräthe oder Soldaten in
feindliche Gewalt zu bringen, Verhältnisse oder Gegenstände, welche auf die Operationen der Streitkräfte
der Monarchie oder der Verbündeten des Kaisers, oder
auf die militärische Vertheidigung der Monarchie
Bezug haben, für den Feind auszukundschaften, oder
demselben auf was immer für eine Weise davon Nachricht zu geben.

Gegen Personen, welche der Monarchie nicht
angehören, ist im Kriege nach Kriegsgebrauch zu
verfahren.

§. 94.

Des Staatsverrathes macht sich ferner schuldig

1. Wer Staatsgeheimnisse oder solche Urkunden, Actenstücke oder Nachrichten, von denen er weiß,
daß ihre Geheimhaltung gegenüber einer anderen
Regierung durch das Staatsinteresse geboten ist,
dieser Regierung mittheilt oder veröffentlicht;

2. wer Urkunden oder andere Beweismittel
über Rechte des Staates gegenüber einem anderen
Staate zum Nachtheile des ersteren vernichtet, verfälscht oder unterdrückt;

3. wer ein ihm von Seite der Regierung auf-
getragenes Staatsgeschäft mit einer anderen Regierung zum Nachtheile des Staates führt;

4. wer sonst etwas unternimmt, wodurch eine
Gefahr von außen für die Monarchie herbeigeführt
oder vergrößert werden soll.

Die Strafe ist Zuchthaus oder Staatsgefängnis
von einem bis zu fünfzehn Jahren.

§. 95.

Wegen unbefugter Werbung wird mit Gefängnis
bestraft, wer ohne besondere Bewilligung der Regierung
für fremde Kriegsdienste oder zur Zeit des Krieges
Soldaten oder zum Militärkörper gehörige Personen
auch nur zur Ansiedlung für fremde Länder wirbt.
Wer zu solcher Zeit sich des Menschenraubes schuldig
macht, um anderen als den Streitkräften der Monarchie
Recruten oder einem fremden Staate zum Militärkörper gehörige Personen als Ansiedler zuzuführen,
wird mit Zuchthaus von fünf bis zu fünfzehn Jahren
bestraft.

§. 96.

Wegen Ausspähung wird mit Zuchthaus bis zu fünf Jahren oder mit Gefängnis bestraft, wer im Frieden solche Vorkehrungen oder Gegenstände, welche auf die Kriegsmacht oder die militärische Vertheidigung der Monarchie Bezug haben, und die von der Regierung nicht öffentlich getroffen oder behandelt werden, in der Absicht auskundschaftet, um einem fremden Staate davon Nachricht zu geben.

§. 97.

Jede durch eine Druckschrift veröffentlichte Mittheilung über den Plan und die Richtung militärischer Operationen der Streitkräfte der Monarchie, über die Bewegung, Stärke und den Aufstellungsort von Truppen oder Schiffen, über den Zustand von Befestigungswerken, endlich über die Aufbewahrung oder den Transport von Kriegserfordernissen ist dann, wenn aus der Beschaffenheit dieser Mittheilungen oder aus den obwaltenden Umständen erkennbar war, daß dadurch das Staatsinteresse gefährdet wird, oder wenn von der Regierung ein besonderes Verbot solcher Mittheilungen erlassen wurde, an Geld bis zu 500 fl., zur Zeit eines ausgebrochenen oder unmittelbar bevorstehenden Krieges aber mit Staatsgefängnis bis fünf Jahre oder an Geld bis zu 4000 fl. zu bestrafen.

Diese Vorschrift findet keine Anwendung auf die weitere Verbreitung solcher Mittheilungen, welche durch die Regierung zur Öffentlichkeit gebracht wurden.

§. 98.

Wer einen zum Dienste in der bewaffneten Macht der Monarchie eidlich verpflichteten Mann, obgleich er selbst in keiner solchen Verpflichtung steht, zur treulosen Verlassung des Dienstes (Desertion) oder zu was immer für einer nach den für das Militär geltenden Strafgesetzen als Verbrechen zu behandelnden Verletzung der eidlich angelobten Treue, des Gehorsams, der Wachsamkeit oder sonstiger Militärdienstpflichten verleitet, auffordert, anreizt oder zu verleiten sucht, oder demselben bei Begehung eines solchen Verbrechens Beihilfe leistet (§. 52, 8. 2), wird mit Gefängnis bestraft.

§. 99.

Wer zur Zeit eines ausgebrochenen oder unmittelbar bevorstehenden Krieges die mit einer Behörde geschlossenen Lieferungsverträge über Bedürfnisse der bewaffneten Macht entweder nicht zur bestimmten Zeit oder nicht in der vorbedungenen Weise erfüllt, wird mit Gefängnis nicht unter sechs Monaten bestraft.

Liegt der Nichterfüllung des Vertrages Fahrlässigkeit zugrunde, so ist, wenn durch die Handlung ein Schaden verursacht worden ist, auf Gefängnis bis zu zwei Jahren zu erkennen.

Dieselben Strafen finden auch gegen die Unterlieferanten, Vermittler und Bevollmächtigten des Lieferanten Anwendung, welche mit Kenntnis des Zweckes der Lieferung die Nichterfüllung derselben vorsätzlich oder aus Fahrlässigkeit verursachen, sowie gegen Transportunternehmer und die bei Transportanstalten Bediensteten, welche unter den im ersten Absatze bezeichneten Voraussetzungen die ihnen obliegende Beförderung von Truppen oder Kriegsbedürfnissen vorsätzlich oder aus Fahrlässigkeit unterlassen oder verzögern.

II. Hauptstück.

Majestätsbeleidigung, Thätlichkeiten gegen Mitglieder des kaiserlichen Hauses und Beleidigung derselben.

§. 100.

Wer eine Thätlichkeit gegen den Kaiser verübt oder denselben mit einer Thätlichkeit bedroht, wird wegen Majestätsbeleidigung mit Zuchthaus oder Staatsgefängnis nicht unter fünf Jahren bestraft.

§. 101.

Wer den Kaiser beleidigt, wird wegen Majestätsbeleidigung mit Gefängnis bis zu einem Jahre bestraft.

Ist die Beleidigung öffentlich (§. 90, Z. 2) oder in Gegenwart des Kaisers begangen, so ist auf Gefängnis nicht unter drei Monaten zu erkennen.

§. 102.

Wer gegen ein Mitglied des kaiserlichen Hauses eine Thätlichkeit verübt, wird mit Zuchthaus oder Staatsgefängnis bis zu fünf Jahren bestraft.

§. 103.

Wer ein Mitglied des kaiserlichen Hauses beleidigt, wird mit Gefängnis bis zu sechs Monaten bestraft.

Ist die Beleidigung öffentlich (§. 90, Z. 2) oder in Gegenwart des Beleidigten begangen, so tritt Gefängnis von einem Monate bis zu zwei Jahren ein.

III. Hauptstück.

Strafbare Handlungen gegen befreundete Staaten.

§. 104.

Wer gegen einen fremden Staat oder dessen Oberhaupt eine Handlung begeht, welche, wenn er sie gegen die Monarchie oder den Kaiser begangen hätte, nach Vorschrift der §§. 89 bis 91 zu bestrafen sein würde, ist, soweit nicht, abgesehen von der Eigenschaft der angegriffenen Person, strengere Bestimmungen dieses Gesetzes anzuwenden sind, in den Fällen des §. 89 mit Staatsgefängnis von sechs Monaten bis zu zehn Jahren und in den Fällen der §§. 90 und 91 mit Staatsgefängnis von einem Monate bis zu drei Jahren zu bestrafen, insofern die Gegenseitigkeit verbürgt ist.

Die Verfolgung wird nur auf Antrag der auswärtigen Regierung eingeleitet.

§. 105.

Wer das Oberhaupt eines fremden Staates beleidigt, wird mit Gefängnis bis zu sechs Monaten, und wenn die Beleidigung öffentlich (§. 90, §. 2) oder in Gegenwart des Beleidigten begangen wurde, mit Gefängnis von einem Monate bis zu zwei Jahren bestraft, insofern die Gegenseitigkeit verbürgt ist.

§. 106.

Wer sich gegen einen bei dem kaiserlichen Hofe beglaubigten Gesandten oder Geschäftsträger einer Beleidigung schuldig macht, unterliegt den Bestimmungen des XII. Hauptstückes, und wird, soweit nicht nach diesen Bestimmungen eine schwerere Strafe verwirkt ist, mit Gefängnis bis zu sechs Monaten bestraft.

Die Verfolgung wird nur auf Antrag des Beleidigten eingeleitet.

§. 107.

Wer im Falle eines Krieges den von der Regierung zur Wahrung ihrer Neutralität erlassenen und im Reichsgesetzblatte kundgemachten Anordnungen zuwiderhandelt, ist mit Gefängnis bis zu einem Jahre oder an Geld bis zu 3000 fl., wenn er sich aber an der Ausrüstung, Führung oder Bemannung eines Kaperschiffes oder an den feindlichen Unternehmungen desselben betheiligt hat, mit Zuchthaus oder Staatsgefängnis von einem bis zu fünfzehn Jahren zu bestrafen.

Kriegsbedarf und andere Gegenstände, mit welchen die Neutralitätsverletzung verübt oder zu verüben gesucht wurde, können für verfallen erklärt werden, insoweit sie dem Thäter oder einem Theilnehmer gehören.

§. 108.

Die Bestimmung des §. 4, Z. 3, findet auf die in den §§. 104 bis 107 erwähnten strafbaren Handlungen keine Anwendung.

IV. Hauptstück.

Verbrechen und Vergehen in Beziehung auf die Wirksamkeit und die Wahl der öffentlichen Vertretungskörper.

§. 109.

Die Anwendung oder Androhung von Gewalt sowie die Bedrohung mit rechtswidriger Zufügung von Nachtheilen, um die Versammlung eines Hauses des Reichsrathes, einer Delegation, oder eines Landtages, oder einer Abtheilung, oder eines Ausschusses dieser Vertretungskörper zu sprengen, oder in ihrer Thätigkeit zu hindern, oder auf die Art ihrer Wirksamkeit Einfluss zu nehmen, oder ein Mitglied dieser Vertretungskörper gewaltsam aus der Versammlung zu entfernen, wird mit Zuchthaus oder Staatsgefängnis von zwei bis zu fünfzehn Jahren bestraft.

§. 110.

Wer ein Mitglied eines der vorbezeichneten Vertretungskörper durch Anwendung oder Androhung von Gewalt oder durch Bedrohung mit rechtswidriger Zufügung von Nachtheilen verhindert, an der Versammlung theilzunehmen oder sein Stimmrecht selbständig auszuüben, wird mit Zuchthaus oder Staatsgefängnis bis zu fünf Jahren bestraft.

§. 111.

Wer außer dem Falle des §. 110 einen Anderen durch Anwendung oder Androhung von Gewalt oder durch Bedrohung mit rechtswidriger Zufügung von Nachtheilen an der selbständigen Ausübung des ihm nach Maßgabe des öffentlichen Rechtes zustehenden Wahl- oder Stimmrechtes hindert, wird mit Gefängnis bis zu drei Jahren bestraft.

§. 112.

Wer bei Wahlen für einen zur Besorgung öffentlicher Angelegenheiten berufenen Vertretungskörper oder für ein öffentliches Amt ein mit dem erklärten Willen der Wählenden nicht übereinstimmendes Ergebnis herbeiführt oder das Ergebnis verfälscht, wird mit Gefängnis bis zu zwei Jahren bestraft.

§. 113.

Wer bei Wahlen für einen zur Besorgung öffentlicher Angelegenheiten berufenen Vertretungskörper oder für ein öffentliches Amt durch Versprechen oder Einräumen von Vermögensvortheilen einen Wähler zur Ausübung seines Wahlrechtes nach einer gewissen Richtung zu bestimmen oder von der Wahl abzuhalten sucht, oder wer als Wahlberechtigter Vermögensvortheile, welche ihm zu diesem Zwecke für ihn

oder ihm nahestehende Personen versprochen oder
zugewendet werden, annimmt, wird wegen Wahl-
bestechung mit Gefängnis bis zu einem Jahre und an
Geld bis zu 1000 fl. bestraft.

V. Hauptstück.

Verbrechen und Vergehen gegen die Wirksamkeit und das Ansehen der Staatsgewalt.

§. 114.

Mit Gefängnis bis zu drei Jahren oder an
Geld bis zu 1000 fl. wird bestraft, wer öffentlich
(§. 90, 3. 2) zur Nichterfüllung der gesetzlichen Wehr-
pflicht, oder zur Nichtentrichtung gesetzlicher Steuern
oder anderer öffentlicher Abgaben auffordert.

§. 115.

Wer außer den Fällen des §. 114 öffentlich
(§. 90, 3. 2) zum Ungehorsam gegen Gesetze, gegen
giltige Verordnungen oder gegen die von Gerichts-
oder anderen Behörden innerhalb ihrer Zuständigkeit
getroffenen Anordnungen oder zur Begehung einer
strafbaren Handlung auffordert, wird mit Gefängnis
bis zu einem Jahr oder an Geld bis zu 500 fl.
bestraft.

§. 116.

Mit Gefängnis bis zu einem Jahre oder an Geld
bis zu 1000 fl. wird bestraft, wer zu einem der im
§. 114 bezeichneten Zwecke oder zur Verweigerung
des Gehorsams gegen Gesetze, Verordnungen oder
behördliche Anordnungen (§. 115) eine Verbindung
stiftet oder Andere zum Beitritt verleitet.

§. 117.

Mit Gefängnis bis zu sechs Monaten oder an
Geld bis zu 500 fl. wird bestraft, wer Handlungen,
die das Gesetz mit Strafe bedroht, öffentlich (§. 90,
3. 2), anpreiset.

§. 118.

Wer öffentlich (§. 90, 3. 2) die Regierung, einen
verfassungsmäßigen Vertretungskörper (§. 109) oder
eine Abtheilung oder einen Ausschuß derselben,
eine Behörde, die bewaffnete Macht (mit Einschluß
der militärisch organisirten Wachkörper) oder einen
Theil derselben beschimpft, wer, um sie verächtlich
zu machen, erdichtete oder entstellte Thatsachen öffentlich (§. 90, 3. 2) behauptet oder verbreitet, wird mit
Gefängnis bis zu einem Jahre oder an Geld bis zu
1000 fl. bestraft.

Die Verfolgung wegen eines Angriffes auf die bewaffnete Macht oder auf einen Theil derselben findet nur auf Antrag des dem angegriffenen Körper vorgesetzten Ministers statt.

Sind erdichtete oder entstellte Thatsachen zwar zu dem angegebenen Zwecke, aber in gutem Glauben öffentlich (§. 90, Z. 2) behauptet oder verbreitet worden, so tritt Geldstrafe bis zu 500 fl. ein.

§. 119.

Wenn Personen, die ein öffentliches Amt versehen oder einer mit der Verwaltung öffentlicher Angelegenheiten betrauten Körperschaft angehören, sich mit anderen in gleicher Stellung Befindlichen ins Einvernehmen setzen, um die Ausführung eines Gesetzes oder einer giltig erlassenen Verordnung rechtswidrig zu hindern, so werden sie mit Gefängnis bis zu sechs Monaten oder an Geld bis zu 1000 fl. bestraft.

Ist ein gemeinsames oder gleichmäßiges Vorgehen zu dem vorbezeichneten Zwecke wirklich verabredet worden, so sind die Schuldtragenden mit Gefängnis bis zu drei Jahren zu bestrafen.

§. 120.

Die Anwendung oder Androhung von Gewalt, sowie die Bedrohung mit rechtswidriger Zufügung von Nachtheilen, um eine Behörde (Civil- oder Militärbehörde) oder eine im öffentlichen Dienste stehende Person zur Vornahme oder Unterlassung einer Amtshandlung oder Dienstesverrichtung zu nöthigen, wird als Gewaltthat gegen die Obrigkeit mit Gefängnis bestraft.

Als im öffentlichen Dienste stehend sind auch anzusehen:

1. Alle öffentlichen Wachen;

2. die zur Aufsicht oder zum Betriebe bei den zum allgemeinen Verkehr bestimmten Eisenbahnen oder bei dem Staatstelegraphen oder dem Staatstelephon bestimmten Personen;

3. das zum Schutz von Menschen oder Eigenthum (wenn gleich von Privaten) bestellte und öffentlich beglaubigte Personale, endlich

4. die in einem einzelnen Falle mit der Ausführung eines obrigkeitlichen Auftrages betrauten oder zur Unterstützung bei Vornahme einer Amtshandlung beigezogenen Personen.

§. 121.

Wer gegen eine im öffentlichen Dienste stehende Civil- oder Militärperson, während sie in der Ausübung desselben begriffen ist, eine Thätlichkeit verübt, wird mit Gefängnis bis zu einem Jahre bestraft.

§. 122.

Wer eine im öffentlichen Dienste stehende Civil- oder Militärperson, während sie in der Ausübung des-

4*

selben begriffen ist, beleidigt, oder die Ausübung
ihres Dienstes durch unberechtigte Einmischung stört,
wird mit Gefängnis bis zu sechs Monaten oder an
Geld bis zu 600 fl. bestraft.

§. 123.

Wer sich einer Menschenmenge, welche sich zusammenrottet, um durch Anwendung oder Androhung
von Gewalt das Erlassen oder die Zurücknahme eines
Gesetzes, einer Verordnung oder einer anderen obrigkeitlichen Verfügung zu erzwingen oder zu hindern,
oder um eine der im §. 120 bezeichneten Handlungen
mit vereinter Kraft zu unternehmen, in dieser Absicht
anschließt, wird wegen Aufstandes mit Gefängnis
nicht unter einem Monat bestraft.

Die Anstifter und Anführer des Aufstandes
werden mit Zuchthaus oder Staatsgefängnis von
einem bis zu fünf Jahren bestraft. Auch kann gegen
dieselben auf Zulässigkeit der Stellung unter Polizeiaufsicht erkannt werden.

§. 124.

Wenn die Obrigkeit zur Herstellung der durch
eine Zusammenrottung gestörten Ruhe die bewaffnete
Macht aufgeboten und nach dem Erscheinen der
letzteren unter Androhung der auf den Aufruhr
gesetzten Strafen die Menschenmenge zum Aus-
einandergehen aufgefordert hat, so ist jeder der
Versammelten, welcher sich nach dieser Aufforderung
nicht entfernt, des Aufruhrs schuldig.

Der Aufruhr wird an den Anstiftern und An-
führern mit Zuchthaus oder Staatsgefängnis von
einem bis zu fünfzehn Jahren, an den übrigen daran
Betheiligten mit Gefängnis nicht unter drei Monaten
bestraft. Auch kann gegen die ersteren auf Zulässigkeit der Stellung unter Polizeiaufsicht erkannt werden.

§. 125.

Die Strafe des Aufstandes und Aufruhres entfällt für diejenigen, welche sich von der Zusammenrottung zurückgezogen haben, ehe eine Gewaltthat
(§. 120) verübt und ehe der Zweck der Zusammenrottung auch nur theilweise erreicht wurde.

Anstifter und Anführer werden jedoch nur dann
straflos, wenn auch die übrigen Betheiligten sich
rechtzeitig zurückgezogen haben.

§. 126.

Wird eine im Freien versammelte Menschenmenge
von einer hiezu berufenen, im öffentlichen Dienste
stehenden Person oder von dem hiezu berufenen Be-
fehlshaber der bewaffneten Macht aufgefordert, sich
zu entfernen, so ist jeder der Versammelten, welcher
sich nach der wiederholten Aufforderung nicht entfernt

wegen Auflaufs mit Gefängnis bis zu drei Monaten oder an Geld bis zu 500 fl. zu bestrafen.

Vorstehende Bestimmung findet auf Personen, welche in Gemäßheit des §. 125 straflos werden, keine Anwendung.

§. 127.

Wer öffentlich angeschlagene oder auf andere Weise öffentlich angebrachte amtliche Erlässe oder Kundmachungen beschädigt, verunglimpft oder wegnimmt, oder eine dieser Handlungen an einem in gleicher Weise angebrachten Abzeichen der öffentlichen Gewalt, insbesondere dem kaiserlichen Wappen, verübt, ist mit Gefängnis bis zu einem Monate, oder an Geld bis zu 300 fl. zu bestrafen.

Wurde die That in der Absicht verübt, die öffentliche Gewalt zu verhöhnen, oder die Verlautbarung einer Anordnung zu verhindern, so tritt Gefängnis bis zu sechs Monaten oder Geldstrafe bis zu 500 fl. ein.

§. 128.

Wer ein amtliches Siegel, welches von einer Behörde oder einer im öffentlichen Dienste stehenden Person zur Verschließung, Beschlagnahme oder Bezeichnung von Gegenständen angelegt worden ist, wegnimmt, erbricht oder beschädigt, oder den durch ein solches Siegel bewirkten amtlichen Verschluss eröffnet, wird mit Gefängnis bis zu sechs Monaten oder an Geld bis zu 500 fl. bestraft.

§. 129.

Wer Sachen, welche von einer Behörde oder in deren Auftrag sequestrirt, gepfändet oder in Beschlag genommen wurden, vernichtet, verbraucht, bei Seite schafft, beschädigt oder sonst der behördlichen Verfügung entzieht, ist mit Gefängnis bis zu einem Jahre oder an Geld bis zu 500 fl. zu bestrafen.

§. 130.

Wer sich die Ausübung eines öffentlichen Amtes oder Dienstes anmaßt, oder unbefugt eine Handlung vornimmt, die nur kraft eines öffentlichen Amtes oder Dienstes vorgenommen werden darf, ist mit Gefängnis bis zu sechs Monaten oder an Geld bis zu 500 fl. zu bestrafen.

§. 131.

Wer öffentliche Bücher oder Register, oder solche Urkunden oder Gegenstände, welche amtlich aufzubewahren sind, vernichtet, bei Seite schafft oder beschädigt, wird mit Gefängnis oder an Geld bis zu 1000 fl. bestraft.

§. 132.

Mit Gefängnis bis zu drei Monaten oder an Geld bis zu 500 fl. wird bestraft, wer

1. öffentlich (§. 90, 3. 2) ein Schriftstück, dessen
gänzliche oder theilweise Unechtheit ihm bekannt oder
aus zureichenden Gründen wahrscheinlich war, als vom
Kaiser oder von einer Behörde herrührend fälschlich
ausgibt, oder

2. amtliche Erlässe oder Verhandlungen, welche
ausdrücklich als Dienstgeheimnis erklärt sind, oder in
Betreff welcher die Bekanntmachung überhaupt untersagt ist, in die Öffentlichkeit (§. 90, 3. 2) bringt.

§. 133.

Mit Gefängnis bis zu drei Monaten oder an
Geld bis zu 500 fl. wird bestraft, wer im Laufe
eines strafgerichtlichen Verfahrens öffentlich (§. 90,
3. 2):

1. die Anklageschrift oder das über dieselbe er-
gangene oder dieselbe ersetzende Erkenntnis, bevor
davon in der Hauptverhandlung Gebrauch gemacht
worden ist, oder den Inhalt der zu den Acten ge-
brachten Beweisurkunden oder Aussagen von Beschuldigten, Zeugen oder Sachverständigen oder die
Vorgänge bei einer Hauptverhandlung, bevor das Be-
weisverfahren in der Hauptverhandlung geschlossen ist,
bekannt macht, oder

2. dem Ausspruche des Gerichtes durch Erörte-
rungen über die Kraft der Beweismittel oder durch
Aufstellung von Vermuthungen über den Ausgang der
Hauptverhandlung vorgreift, oder die Ergebnisse des
Strafverfahrens entstellt.

§. 134.

Derselben Strafe unterliegt, wer öffentlich (§. 90,
3. 2) die Vorgänge bei einer gerichtlichen Verhandlung,
für welche durch Beschluss des Gerichtes die Öffentlichkeit ausgeschlossen worden ist, oder wer in einem
solchen Falle des strafgerichtlichen Verfahrens die Anklageschrift oder andere amtliche Schriftstücke des
Strafprocesses bekannt macht.

§. 135.

Wer einen Gefangenen aus der Räumlichkeit, in
welcher er gefangen gehalten wird, oder aus der Gewalt desjenigen, unter dessen Aufsicht, Begleitung
oder Bewachung er sich befindet, befreit, oder wer
einem Gefangenen zur Selbstbefreiung behilflich ist,
wird mit Gefängnis bis zu drei Jahren bestraft.

§. 136.

Wer einen Gefangenen, dessen Beaufsichtigung,
Bewachung oder Begleitung ihm obliegt, entweichen
lässt, oder dessen Befreiung befördert, wird mit Gefängnis bis zu drei Jahren bestraft.

Fällt ihm hiebei nur Fahrlässigkeit zur Last, so
tritt Gefängnis bis zu drei Monaten oder Geldstrafe
bis zu 500 fl. ein.

§. 137.

Gefangene, welche sich zusammenrotten, um mit vereinten Kräften

1. die Beamten der Anstalt oder die mit der Aufsicht betrauten Personen anzugreifen, oder sie durch Anwendung oder Androhung von Gewalt oder durch Bedrohung mit rechtswidriger Zufügung von Nachtheilen zu Handlungen oder Unterlassungen zu nöthigen, oder

2. einen gewaltsamen Ausbruch zu unternehmen, werden wegen Meuterei mit Zuchthaus bis zu fünf Jahren oder mit Gefängnis nicht unter sechs Monaten, diejenigen aber, welche Gewaltthätigkeiten gegen die Beamten der Anstalt oder die mit der Aufsicht betrauten Personen verüben, mit Zuchthaus bis zu fünf Jahren, und falls dabei einer der im §. 231, Z. 1 und 2, erwähnten Umstände eintritt, bis zu zehn Jahren bestraft.

Zugleich kann auf Zulässigkeit der Stellung unter Polizeiaufsicht erkannt werden.

VI. Hauptstück.

Friedensstörungen und andere strafbare Handlungen wider die öffentliche Ordnung.

§. 138.

Wer öffentlich (§. 90, Z. 2) eine inländische Nationalität, eine im Staate bestehende Religionsgesellschaft, einen Stand oder eine Classe der Bevölkerung beschimpft, oder wer öffentlich (§. 90, Z. 2) zu feindseliger Behandlung ihrer Angehörigen anreizt, wird mit Gefängnis bis zu einem Jahre oder an Geld bis zu 1000 fl. bestraft.

§. 139.

Wer öffentlich (§. 90, Z. 2) die Verfassung (§. 89, Z. 2), die Gesetze oder Einrichtungen des Staates, die Institute der Ehe, der Familie oder des Eigenthums, die Entscheidungen der Gerichte, Verordnungen oder Verfügungen der Regierung oder der Behörden schmäht, wer, um sie verächtlich zu machen, erdichtete oder entstellte Thatsachen öffentlich (§. 90, Z. 2) behauptet oder verbreitet, wird mit Gefängnis bis zu einem Jahre oder an Geld bis zu 1000 fl. bestraft.

Sind erdichtete oder entstellte Thatsachen zwar zu dem angegebenen Zwecke aber in gutem Glauben öffentlich (§. 90, Z. 2) behauptet oder verbreitet worden, so tritt Geldstrafe bis zu 500 fl. ein.

§. 140.

Wer die Bewohner einer Ortschaft oder Gegend durch Androhung von Verbrechen oder Vergehen in Furcht oder Unruhe zu versetzen sucht, wird mit

Gefängnis bis zu zwei Jahren bestraft. Auch kann auf Zulässigkeit der Stellung unter Polizeiaufsicht erkannt werden.

§. 141.

Wer sich einer Menschenmenge, welche sich zusammenrottet, um Gewaltthätigkeiten gegen Personen oder fremdes Eigenthum zu verüben, oder den ruhigen Besitz von Grund und Boden oder der darauf sich beziehenden Rechte eines Anderen durch gewaltsamen Einfall zu stören, in dieser Absicht anschließt, ist wegen Störung des Landfriedens mit Gefängnis nicht unter einem Monate zu bestrafen.

Die Anstifter und Anführer, sowie diejenigen, welche Gewaltthätigkeiten gegen Personen begangen, oder Sachen geplündert, vernichtet, zerstört oder beschädigt haben, werden mit Gefängnis nicht unter einem Jahre oder mit Zuchthaus bis zu fünf, und wenn das Unternehmen ein besonders gefährliches war, bis zu zehn Jahren bestraft. Auch kann gegen dieselben auf Zulässigkeit der Stellung unter Polizeiaufsicht erkannt werden.

§. 142.

Wer außer dem Falle des §. 141 in abgeschlossene Räume, welche zum öffentlichen Dienste bestimmt sind, in das Haus, in die Wohnung oder in die Geschäftsräume eines Anderen oder in eine dazu gehörige geschlossene oder eingefriedete Räumlichkeit eindringt, um daselbst gegen Personen oder Sachen Gewaltthätigkeiten zu verüben, wird wegen Störung des Hausfriedens mit Gefängnis bis zu zwei Jahren bestraft.

Ist die Handlung von einer mit Waffen versehenen Person begangen, oder ist wirklich eine Gewaltthätigkeit verübt worden, so tritt Gefängnis nicht unter einem Monate ein.

§. 143.

Wegen Verletzung des Hausrechtes ist mit Gefängnis bis zu zwei Monaten, oder an Geld bis zu 500 fl. zu bestrafen:

1. Wer in fremde Räume (§. 142) rechtswidrig, aber ohne die Absicht, daselbst Gewaltthätigkeiten zu verüben, eindringt;

2. wer, wenn er unbefugt darin verweilt, auf die Aufforderung des Berechtigten sich nicht entfernt.

Ist die Handlung von einer mit Waffen versehenen Person oder von mehreren gemeinschaftlich begangen worden, so tritt Gefängnis bis zu sechs Monaten ein.

Die Verfolgung wird nur auf Antrag eingeleitet.

§. 144.

Die Anwendung oder Androhung von Gewalt, sowie die Bedrohung mit rechtswidriger Zufügung von Nachtheilen, um eine zur Besorgung öffentlicher

Angelegenheiten berufene Versammlung, welche nicht unter die im §. 109 erwähnten Vertretungen gehört, oder eine gesetzlich bestehende Körperschaft in ihrer Thätigkeit zu hindern oder auf die Art ihrer Wirksamkeit Einfluss zu nehmen, ist mit Gefängnis bis zu drei Jahren zu bestrafen.

§. 145.

Wer Andere durch Anwendung oder Androhung von Gewalt, Bedrohung mit rechtswidriger Zufügung von Nachtheilen, Beschimpfung, Behinderung in dem rechtmäßigen Gebrauche von Werkzeugen oder Geräthen oder durch ähnliche Mittel zu bestimmen sucht, an Verabredungen, welche auf Einstellung der Arbeit oder auf Entlassung von Arbeitern oder auf Erhöhung des Preises von Waren gerichtet sind, theilzunehmen oder ihnen Folge zu leisten, oder wer Andere durch gleiche Mittel an dem Rücktritte von solchen Verabredungen zu hindern sucht, wird mit Gefängnis bis zu sechs Monaten bestraft.

§. 146.

Wer unbefugterweise einen bewaffneten Haufen bildet oder befehligt, oder eine Mannschaft, von, der er weiß, daß sie ohne gesetzliche Befugnis gesammelt ist, mit Waffen oder Kriegsbedürfnissen versieht, wird mit Gefängnis bis zu zwei Jahren bestraft.

Wer sich einem solchen bewaffneten Haufen anschließt, ist mit Gefängnis bis zu einem Jahre zu bestrafen.

§. 147.

Wer heimlich oder wider ein Verbot der Regierung Vorräthe von Waffen oder Munitionsgegenständen sammelt, oder wer solche Vorräthe vor der Behörde verheimlicht, wird mit Gefängnis bis zu sechs Monaten oder an Geld bis zu 500 fl. bestraft.

§. 148.

Die Theilnahme an einer Verbindung, deren Dasein, Verfassung oder Zweck vor der Staatsregierung geheim gehalten werden soll, ist an den Mitgliedern mit Gefängnis bis zu sechs Monaten oder an Geld bis zu 500 fl., an den Stiftern und Vorstehern aber mit Gefängnis bis zu einem Jahre, oder an Geld bis zu 1000 fl. zu bestrafen.

§. 149.

Wer an einer Verbindung theilnimmt, deren Zwecke auf Beseitigung der Institute der Ehe, der Familie oder des Eigenthums gerichtet sind, wird mit Gefängnis bis zu zwei Jahren bestraft.

§. 150.

Wer von dem Vorhaben eines Hochverrathes, Staatsverrathes, einer thätlichen Majestätsbeleidigung, eines Mordes, Raubes, Menschenraubes, einer Nothzucht, einer im §. 191 8. 5 vorgesehenen Kuppelei, oder eines der im VII. oder im XXV. Hauptstück behandelten Verbrechens zu einer Zeit, in welcher die Verhütung des Verbrechens möglich ist, glaubhafte Kenntnis erlangt, und es vorsätzlich unterläßt, das Verbrechen zu verhindern oder von dem Vorhaben die Behörde oder die bedrohte Person rechtzeitig in Kenntnis zu setzen, obgleich er dies ohne ernstliche Gefahr für sich, für ihm nahestehende Personen oder für schuldlose Dritte zu thun vermag, wird dann, wenn das Verbrechen oder ein strafbarer Versuch desselben begangen ist, mit Gefängnis bestraft.

Die Bestimmung des §. 4, 8. 3 findet hier keine Anwendung.

§. 151.

Wer es sich zum Geschäfte macht, Inländer unter Vorspiegelung falscher Thatsachen oder wissentlich mit unbegründeten Angaben oder durch andere auf Täuschung berechnete Mittel zur Answanderung zu verleiten, wird mit Gefängnis von einem Monate bis zu zwei Jahren und an Geld bis zu 2000 fl. bestraft.

VII. Hauptstück.

Fälschung von Geld und diesem gleichgestellten Wertpapieren.

§. 152.

Wer im Verkehre gangbares Metallgeld oder Papiergeld eines Staates oder ein in Beziehung auf den strafgesetzlichen Schutz dem Staatsgelde gleichgestelltes Geld nachmacht, oder echtem Gelde durch Veränderung an demselben den Schein eines höheren Wertes oder einem außer Verkehr gesetzten (verrufenen) Gelde durch Veränderung an demselben das Ansehen eines noch geltenden gibt, damit das nachgemachte oder verfälschte Geld unter dem ihm beigelegten Scheine in Verkehr gebracht werde oder durch Zerschneiden von Wertpapieren und Zusammenfügen die Zahl derselben vermehrt, wird mit Zuchthaus bis zu fünfzehn Jahren, oder mit Gefängnis nicht unter einem Jahre bestraft. Auch kann hiermit Geldstrafe bis zu 5000 fl. verbunden werden.

Wenn die nachgemachten oder verfälschten Stücke einzeln den Wert von 5 fl. nicht übersteigen, und die Nachmachung nicht durch zur Vervielfältigung dienende Werkzeuge oder Vorrichtungen bewirkt wird, ist auf Zuchthaus bis zu fünf Jahren oder auf Gefängnis nicht unter sechs Monaten zu erkennen. Hiermit kann Geldstrafe bis zu 2000 fl. verbunden werden.

Auch kann auf Zulässigkeit der Stellung unter Polizeiaufsicht erkannt werden.

§. 153.

Dieselben Strafbestimmungen finden auf denjenigen Anwendung, welcher Geld, das er selbst ohne die im §. 152 bezeichnete Absicht nachgemacht oder verfälscht hat, als echtes in Verkehr bringt, sowie auf denjenigen, welcher von wem immer nachgemachtes oder verfälschtes Geld, damit es unter dem ihm beigelegten Scheine in Verkehr gebracht werde, anschafft, übernimmt oder Anderen verschafft.

§. 154.

Wer außer den Fällen der §§. 152 und 153 nachgemachtes oder verfälschtes Geld als echtes in Verkehr bringt, wird mit Gefängnis bis zu sechs Monaten oder an Geld bis zu 500 fl. bestraft.

§. 155.

Dem Papiergelde werden gleichgeachtet die Banknoten, die für den allgemeinen Verkehr bestimmten gedruckten oder sonst durch mechanische oder chemische Mittel vervielfältigten Zahlungsanweisungen, Schuldverschreibungen, Actien oder deren Stelle vertretenden Interimsscheine oder Quittungen, sowie die zu diesen Papieren gehörenden Zins-Gewinnantheils- oder Erneuerungsscheine (Conpons und Talons), welche von einer Staatsregierung oder von einer zur Ausgabe solcher Papiere berechtigten öffentlichen Kasse, Gemeinde, Gesellschaft, Corporation oder Privatperson ausgestellt sind.

Diese Bestimmung gilt auch dann, wenn in der Urkunde die Unterschrift des Ausstellers, oder einzelne Worte oder Zahlen handschriftlich beigefügt sind.

§. 156.

Als Verfälschung ist bei den in dem §. 155 bezeichneten Papieren jede Veränderung des Inhaltes anzusehen, durch welche einem echten Stücke der Schein höheren Wertes oder einem ungiltigen oder erloschenen der Schein der Giltigkeit gegeben wird.

§. 157.

Wer echte, zum Verkehre bestimmte Metallgeldstücke durch Beschneiden, Abfeilen oder auf andere Art verringert, um sie als vollgiltig in Verkehr zu bringen, wird mit Zuchthaus bis zu fünf Jahren oder mit Gefängnis bestraft. Auch kann hiemit Geldstrafe bis zu 2000 fl. verbunden werden.

Derselben Strafe unterliegt, wer solche Münzen, die er ohne die bezeichnete Absicht verringert hat, als vollgiltig in Verkehr bringt, sowie derjenige, welcher von wem immer verringerte Münzen, um sie in Verkehr zu bringen, anschafft, übernimmt, oder Anderen verschafft.

§. 158.

Wer die Abfälle der verringerten Münzen (§. 157) an sich bringt, wird mit Gefängnis bis zu drei Jahren oder an Geld bis zu 1000 fl. bestraft.

§. 159.

Wer Stempel, Siegel, Stiche, Platten oder andere zur Anfertigung von Geld oder von dem Gelde gleich geachteten Papieren dienliche Formen oder die hiezu erforderliche besondere Papiergattung zum Zwecke der Nachmachung oder Verfälschung (§§. 152 und 155) anfertigt, anschafft oder Anderen verschafft, wird mit Gefängnis bis zu zwei Jahren oder an Geld bis zu 500 fl. bestraft.

VIII. Hauptstück.

Meineid, falsche Aussage und falsche Anschuldigung.

§. 160.

Wer vor Gericht oder vor einer anderen zur Abnahme von Eiden zuständigen Behörde oder vor einem hiezu ermächtigten Schiedsrichter eine unwahre Aussage mit einem Eide bekräftigt oder unter einem vorher geleisteten Eid ablegt, wird wegen Meineides mit Zuchthaus bis zu fünf Jahren oder mit Gefängnis nicht unter drei Monaten bestraft. Außerdem kann auf eine Geldstrafe bis zu 5000 fl. erkannt werden, wenn jemand den Meineid ablegte, um sich oder anderen einen rechtswidrigen Vermögensvortheil zu verschaffen.

Dem Eide ist gleichgestellt die mit einem Handschlag bestätigte Versicherung, die Wahrheit zu sagen, mit welcher sich der Richter nach dem Gesetze bei solchen Personen zu begnügen hat, welche vermöge ihrer Religionslehren die Eidesleistung für unerlaubt erkennen.

§. 161.

Wer vor Gericht oder vor einem Schiedsrichter, aber nicht unter Eid, ein falsches Zeugnis, einen falschen Befund oder ein falsches Gutachten abgibt, wird mit Gefängnis bestraft.

Dieselbe Strafe trifft auch denjenigen, welcher in einer Disciplinaruntersuchung gegen Advocaten, oder Notare oder Personen, welche ein öffentliches Amt oder einen öffentlichen Dienst bekleiden, eine falsche Aussage ablegt.

§. 162.

Ist der Meineid oder die falsche Aussage in einer Strafsache zum Nachtheil des Beschuldigten abgelegt, so ist auf Zuchthaus bis zu zehn Jahren zu erkennen.

Wenn der Beschuldigte zur Zuchthausstrafe oder zu einer anderen mehr als dreijährigen Freiheitsstrafe oder zu einer noch strengeren Strafe verurtheilt worden ist, so ist im Falle des Meineides auf Zuchthaus nicht unter drei Jahren zu erkennen.

Ist der Beschuldigte überhaupt nicht oder nur wegen einer Übertretung verurtheilt worden, oder hat der Meineid oder die falsche Aussage offenbar keinen Einfluß auf die Entscheidung geübt, so ist auf Zuchthaus bis zu fünf Jahren oder auf Gefängnis, und zwar im Falle des Meineides nicht unter einem Jahre, im Falle der falschen Aussage nicht unter sechs Monaten zu erkennen.

Die Bestimmung des §. 160 hinsichtlich der Geldstrafe findet auch in solchen Fällen Anwendung.

§. 163.

Die in den §§. 160 bis 162 erwähnten falschen Aussagen werden straflos, wenn der Schuldige sie vor der Entscheidung über die Sache, in welcher sie abgelegt wurden, und ehe aus denselben ein Nachtheil für einen Andern erwachsen ist, ferner ehe die Falschheit seiner Aussage entdeckt ist, oder deshalb Nachforschungen gegen ihn eingeleitet sind, widerruft.

§. 164.

Die Strafe der in den §§. 160 bis 162 erwähnten falschen Aussagen ist Gefängnis bis zu drei Jahren, wenn der Schuldige

1. zu einer Aussage unter Umständen genöthigt wurde, unter welchen die Angabe der Wahrheit ihm selbst oder einer Person, zu welcher er in dem im §. 152, Z. 1, der Strafproceßordnung bezeichneten Verhältnisse steht, eine Verfolgung oder Verurtheilung wegen eines Verbrechens oder Vergehens zuziehen konnte;

2. außer dem Falle des §. 163 die falsche Aussage widerruft, ehe deren Falschheit entdeckt ist, oder deshalb Nachforschungen gegen ihn eingeleitet sind, sofern durch diesen Widerruf von Andern rechtswidriger Nachtheil abgewendet wurde.

§. 165.

Ist die falsche Aussage (§. 160 bis 162) zum Nachtheil eines Beschuldigten abgelegt und diesem eine Freiheitsstrafe auferlegt worden, so beginnt die Verjährung der durch die falsche Aussage begangenen strafbaren Handlung erst wenn die Freiheitsstrafe vollstreckt oder erloschen ist.

§. 166.

Wenn eine der in den §§. 160, 161 und 162 erwähnten Handlungen aus Fahrlässigkeit begangen worden ist, tritt Gefängnis bis zu sechs Monaten oder Geldstrafe bis zu 500 fl. ein.

Die Bestimmung des §. 163 findet auch in diesen Fällen Anwendung.

§. 167.

Wer einen Anderen zur Begehung einer der in den §§. 160 bis 162 erwähnten strafbaren Handlungen zu bestimmen sucht, wird, wenn die strafbare Handlung ohne sein Zuthun unterblieben ist, mit Zuchthaus bis zu fünf Jahren oder mit Gefängnis bestraft. Ist die Anstiftung von jemand unternommen worden, um sich oder Anderen einen rechtswidrigen Vermögensvortheil zu verschaffen, so kann zugleich auf Geldstrafe bis zu 1000 fl. erkannt werden.

§. 168.

Wer unter einem Offenbarungseide falsch aussagt, wird mit Gefängnis bis zu zwei Jahren oder an Geld bis zu 1000 fl. bestraft.

§. 169.

Wer einer Behörde eine Anzeige macht, durch welche er einen Anderen wider besseres Wissen der Begehung einer strafbaren Handlung beschuldigt, ferner wer durch Ränke, insbesondere durch Fälschung oder Beseitigung von Urkunden oder anderen Beweisstücken bewirkt, dass jemand wegen einer strafbaren Handlung, deren er nicht schuldig ist, in Untersuchung gezogen oder verurtheilt wird, wird mit Zuchthaus bis zu fünf Jahren oder mit Gefängnis, und wenn eine der im §. 160, Absatz 1 und 2, vorausgesetzten Verurtheilungen eintrat, mit Zuchthaus bis zu zehn Jahren bestraft.

Die Bestimmungen des §. 163, des §. 164, Z. 2 und des §. 165 finden hier sinngemäße Anwendung.

§. 170.

Wer außer dem Falle des §. 169 einer Behörde eine falsche Anzeige über eine strafbare Handlung macht, wird mit Gefängnis bis zu drei Monaten oder an Geld bis zu 500 fl. bestraft.

§. 171.

Mit Gefängnis bis zu drei Jahren oder an Geld bis 1000 fl. wird bestraft, wer es unterläßt, Thatsachen oder Beweismittel, von welchen er weiß, dass deren Bekanntwerden die Freisprechung eines wegen eines Verbrechens oder Vergehens unschuldig in Untersuchung Gezogenen oder die Befreiung eines wegen einer solchen strafbaren Handlung unschuldig Verurtheilten von der Strafe zur Folge hätte, den Betroffenen, den Angehörigen oder Vertretern derselben oder den Behörden zur Kenntnis zu bringen, obgleich er dies ohne ernstliche Gefahr für sich, ihm nahe stehende Personen oder für schuldlose Dritte thun konnte.

§. 172.

Wird wegen einer der in den §§. 160 bis 162, 168 und 169 erwähnten Handlungen auf Strafe erkannt, so ist zugleich dem Verletzten die Befugnis zuzusprechen, die Verurtheilung auf Kosten des Schuldigen öffentlich bekannt zu machen. Die Art der Bekanntmachung, sowie die Frist derselben ist im Urtheil zu bestimmen.

IX. Hauptstück.

Verbrechen und Vergehen, welche sich auf die Religion beziehen.

§. 173.

Wer die Genossen einer im Staate bestehenden Religionsgesellschaft durch Anwendung oder Androhung von Gewalt oder durch Bedrohung mit rechtswidriger Zufügung von Nachtheilen an der Ausübung ihres Gottesdienstes hindert, desgleichen wer den Gottesdienst oder einzelne gottesdienstliche Verrichtungen oder Andachtsübungen einer solchen Religionsgesellschaft verhindert oder stört, wird mit Gefängnis bis zu drei Jahren bestraft.

§. 174.

Wer öffentlich (§. 90, Z. 2) Gott lästert, den Glauben an Gott zu zerstören sucht oder der Religion Verachtung bezeigt, wird mit Zuchthaus oder Gefängnis bis zu drei Jahren bestraft.

§. 175.

Mit Gefängnis bis zu zwei Jahren wird bestraft, wer:

1. öffentlich (§. 90, Z. 2) die Einrichtungen, Lehren oder Gebräuche einer gesetzlich anerkannten Religionsgesellschaft oder Gegenstände ihrer religiösen Verehrung verspottet;

2. an einem zum Gottesdienste gewidmeten oder heilig gehaltenen Gegenstande, oder in Kirchen oder anderen zu erlaubten religiösen Versammlungen bestimmten Orten beschimpfenden Unfug verübt.

§. 176.

Wer einen Religionsdiener einer gesetzlich anerkannten Religionsgesellschaft bei Ausübung einer gottesdienstlichen Verrichtung beleidigt, wird mit Gefängnis bis zu sechs Monaten oder an Geld bis zu 500 fl. bestraft.

§. 177.

Wer gegen einen Religionsdiener einer gesetzlich anerkannten Religionsgesellschaft bei Ausübung einer gottesdienstlichen Verrichtung eine Thätlichkeit verübt, wird mit Gefängnis bis zu einem Jahre bestraft.

§. 178.

Wer an Stätten, welche zur Beerdigung oder behufs der Beerdigung zur Aufbewahrung von Leichen bestimmt sind, oder an Grabdenkmälern beschimpfenden Unfug verübt, oder von solchen Orten einen menschlichen Leichnam oder Theile desselben hinwegbringt, oder an einem menschlichen Leichname Mißhandlungen verübt, oder ein Grab zerstört oder beschädigt, wird mit Gefängnis bis zu sechs Monaten oder an Geld bis zu 500 fl. bestraft.

Wer von einem Grabdenkmale, aus einem Grabe oder von einer Leiche eine Sache in der Absicht wegnimmt, dieselbe sich rechtswidrig zuzueignen, ist gleich einem Diebe zu bestrafen.

§. 179.

Wer eine Religionsübung, welche auf Grund des Art. 16 des Staatsgrundgesetzes vom 21. December 1867, R. G. Bl. Nr. 142, verboten worden ist, zu verbreiten sucht, wird mit Gefängnis bis zu sechs Monaten bestraft.

X. Hauptstück.

Verbrechen und Vergehen in Beziehung auf den Personenstand.

§. 180.

Wer ein Kind unterschiebt oder verwechselt, oder wer auf andere Weise den Personenstand eines Anderen verändert oder unterdrückt, wird mit Gefängnis bis zu drei Jahren bestraft.

Erfolgte die Handlung in der Absicht, sich oder Anderen einen rechtswidrigen Vermögensvortheil zuzuwenden, so tritt Zuchthaus bis zu zehn Jahren ein.

§. 181.

Ist eine Ehe für ungiltig erklärt worden, so ist derjenige, welcher bei Eingehung der Ehe das Ehehinderniß dem anderen Theile verschwiegen hat, mit Gefängnis nicht unter drei Monaten zu bestrafen.

Die gleiche Strafe trifft denjenigen, welcher den anderen Theil zur Eingehung der Ehe durch eine Täuschung verleitete, wegen welcher die Ehe für ungiltig erklärt worden ist.

In beiden Fällen wird die Verfolgung nur auf Antrag eingeleitet. Die im §. 86, Absatz 2, festgesetzte Frist zu dieser Antragstellung beginnt erst mit dem Zeitpunkte, in welchem dem Antragsberechtigten die Ungiltigerklärung der Ehe bekannt geworden ist.

XI. Hauptstück.

Verbrechen und Vergehen wider die Sittlichkeit.

§. 182.

Ein Ehegatte, welcher vor Auflösung oder Ungiltigerklärung seiner Ehe eine neue Ehe eingeht, sowie
eine unverheiratete Person, welche mit einem Ehegatten, wissend, daß er verheiratet ist, eine Ehe eingeht, wird mit Zuchthaus bis zu fünf Jahren oder mit
Gefängnis nicht unter sechs Monaten bestraft.

Wenn die erste Ehe ungiltig war, ist auf Gefängnis bis zu zwei Jahren zu erkennen.

§. 183.

Der Ehebruch wird an dem schuldigen Ehegatten, sowie an dem Mitschuldigen desselben mit
Gefängnis bis zu sechs Monaten bestraft.

Eine Verfolgung wegen Versuchs findet nicht
statt, ebensowenig wegen eines Ehebruches, welcher
zu einer Zeit begangen wurde, in welcher die Ehe
gerichtlich geschieden und die eheliche Gemeinschaft
nicht wiederhergestellt war.

Die Bestrafung findet nur auf Privatanklage
des beleidigten Ehegatten statt. Diesem kommt die
Privatanklage nur in eigener Person, jedoch auch
dann zu, wenn er das achtzehnte Lebensjahr noch
nicht überschritten hat.

§. 184.

Der Beischlaf zwischen Verwandten auf- und
absteigender Linie (Blutschande) wird an den ersteren
mit Zuchthaus bis zu fünf Jahren, oder mit Gefängnis nicht unter einem Jahre, an den letzteren
mit Gefängnis bis zu zwei Jahren bestraft.

Der Beischlaf zwischen Verschwägerten auf- und
absteigender Linie, sowie zwischen voll- und halb-
bürtigen Geschwistern ist mit Gefängnis bis zu zwei
Jahren zu bestrafen.

§. 185.

Mit Zuchthaus bis zu fünf Jahren oder Gefängnis nicht unter drei Monaten werden bestraft:

1. Eltern, Adoptiv- und Pflegeeltern, welche
mit ihren Kindern, Vormünder oder Mitvormünder,
welche mit ihren Pflegebefohlenen, Lehrer und Er-
zieher, welche mit ihren minderjährigen Schülern oder
Zöglingen, Geistliche, welche bei ihren Verrichtungen
als Seelsorger oder aus Anlaß derselben mit den
ihrer geistlichen Obhut unterstehenden Personen, oder
Beichtväter, welche mit ihren Beichtkindern unzüchtige
Handlungen vornehmen;

2. Beamte, die mit Personen, gegen welche sie
eine Untersuchung zu führen haben, oder welche

dienstlich ihrer Obhut anvertraut sind, unzüchtige Handlungen vornehmen;

3. Beamte und andere Bedienstete, Ärzte und andere Medicinalpersonen, welche in Gefängnissen, Zwangsarbeitshäusern oder anderen Detentionsanstalten oder in zur Pflege von Kranken, Armen oder anderen Hilflosen bestimmten Anstalten beschäftigt oder angestellt sind, wenn sie mit den in die Anstalt aufgenommenen Personen unzüchtige Handlungen vornehmen.

§. 186.

Die widernatürliche Unzucht, welche zwischen Personen desselben Geschlechtes, oder von Menschen mit Thieren begangen wird, ist mit Gefängnis zu bestrafen.

§. 187.

Mit Zuchthaus bis zu fünf Jahren oder mit Gefängnis nicht unter sechs Monaten wird bestraft, wer

1. eine Frauensperson, die sich im Zustande der Wehr- oder Willenlosigkeit befindet, zum außerehelichen Beischlafe missbraucht; oder

2. mit Personen unter vierzehn Jahren unzüchtige Handlungen vornimmt, oder dieselben zur Berübung oder Duldung unzüchtiger Handlungen verleitet.

Ist durch die Handlung eine der in den §§. 231, §. 1 und 232 bezeichneten Folgen verursacht worden, so tritt Zuchthaus bis zu zehn Jahren, und wenn dadurch der Tod der verletzten Person verursacht wurde, Zuchthaus bis zu fünfzehn Jahren ein.

§. 188.

Mit Zuchthaus bis zu fünf Jahren oder mit Gefängnis wird bestraft, wer eine Person durch Gewalt oder durch Drohung mit gegenwärtiger Gefahr für Leib oder Leben zur Duldung unzüchtiger Handlungen nöthigt, oder solche Handlungen an einer Person vornimmt, welche sich in einem Zustande der Wehr- oder Willenlosigkeit befindet.

Der zweite Absatz des §. 187 findet auch für diese Fälle Anwendung.

§. 189.

Wegen Nothzucht wird mit Zuchthaus bis zu fünfzehn Jahren oder mit Gefängnis nicht unter einem Jahre bestraft, wer durch Gewalt oder durch Drohung mit gegenwärtiger Gefahr für Leib oder Leben eine Frauensperson zur Duldung des außerehelichen Beischlafes nöthigt, oder wer eine Frauensperson zum außerehelichen Beischlafe missbraucht, nachdem er sie zu diesem Zwecke in einen Zustand der Wehr- oder Willenlosigkeit versetzt hat.

Wird die Nothzucht an einer Frauensperson, welche mit ihrem Körper unzüchtiges Gewerbe treibt,

verübt, so tritt Gefängnis nicht unter einem
Jahre ein.

Ist durch die Handlung eine der in den §§. 231,
A. 1 und 232 bezeichneten Folgen oder der Tod der
Verletzten verursacht worden, so tritt Zuchthausstrafe
bis zu zwanzig Jahren ein.

§. 190.

Wer eine Frauensperson zur Gestattung des
Beischlafes dadurch verleitet, daß er eine Trauung
vorspiegelt oder einen anderen Irrthum in ihr erregt
oder benützt, in welchem sie den Beischlaf für einen
ehelichen hielt, wird mit Zuchthaus bis zu fünf
Jahren oder mit Gefängnis nicht unter sechs Monaten bestraft.

Die Bestrafung erfolgt nur auf Grund einer
Privatanklage.

§. 191.

Wer der Unzucht Anderer Vorschub leistet, wird
wegen Kuppelei bestraft:

1. Wenn der Schuldige polizeilichen Anordnungen zuwiderhandelt, welche bezüglich der Frauenspersonen, die mit ihrem Körper unzüchtiges Gewerbe
treiben, erlassen worden sind;

2. wenn eine Frauensperson, welche nicht mit
ihrem Körper unzüchtiges Gewerbe treibt, demselben
zugeführt wird;

3. wenn durch hinterlistige Kunstgriffe eine geschlechtlich unbescholtene Frauensperson zum Beischlafe
verführt wird;

4. wenn der Schuldige eine Person, zu welcher
er in einem der im §. 185 angeführten Verhältnisse
steht, veranlaßt, sich einer anderen Person zur Befriedigung der Geschlechtslust derselben preiszugeben;

5. wenn eine Person in das Ausland befördert
wird, damit sie daselbst mit ihrem Körper unzüchtiges
Gewerbe treibe.

Die Strafe ist in dem unter Z. 1 erwähnten
Falle Gefängnis bis zu sechs Monaten, in den unter
Z. 2 und 3 erwähnten Fällen Gefängnis bis zu zwei
Jahren, in den unter Z. 4 und 5 erwähnten Fällen
Zuchthaus bis zu fünf Jahren oder Gefängnis.

Auch kann auf Zulässigkeit der Stellung unter
Polizeiaufsicht erkannt werden.

§. 192.

Wer ein geschlechtlich unbescholtenes Mädchen,
welches das sechzehnte Lebensjahr nicht vollendet
hat, zum Beischlafe verführt, wird mit Gefängnis bis
zu einem Jahre bestraft.

Die Bestrafung erfolgt nur auf Privatanklage
der Eltern oder des gesetzlichen Vertreters der Ver-
führten.

5*

§. 193.

Wer durch eine unzüchtige Handlung oder Darſtellung öffentlich ein Ärgernis gibt, wird mit Gefängnis bis zu einem Jahre oder an Geld bis zu 1000 fl. beſtraft.

§. 194.

Wer vor einer Menſchenmenge unzüchtige Reden führt, wer unzüchtige Schriften oder bildliche Darſtellungen verbreitet, an einem allgemein zugänglichen Orte anſchlägt oder anſtellt, in Druckſchriften ankündigt, oder durch Ankündigung in Druckſchriften unzüchtige Verbindungen einzuleiten oder zur Sinnenluſt aufzureizen ſucht, wird mit Gefängnis bis zu ſechs Monaten oder an Geld bis zu 500 fl. beſtraft.

XII. Hauptſtück.

Beleidigung.

§. 195.

Wer die Ehre eines Anderen auf ſolche Weiſe angreift, welche als beſchimpfend gilt, wird wegen Beleidigung mit Gefängnis bis zu ſechs Monaten oder an Geld bis zu 500 fl. beſtraft.

Iſt die Beleidigung in einer Druckſchrift zugefügt, ſo kann auf Gefängnis bis zu einem Jahre oder Geldſtrafe bis zu 1000 fl. erkannt werden.

§. 196.

Wegen Beleidigung wird mit Gefängnis bis zu ſechs Monaten oder an Geld bis zu 500 fl. beſtraft:

1. Wer vor einem Dritten jemand verächtlicher Eigenſchaften oder Geſinnungen zeiht, oder eine Thatſache behauptet, welche geeignet iſt, einen Anderen verächtlich zu machen oder in der öffentlichen Meinnng herabzuwürdigen;

2. wer eine ſolche Beſchuldigung in einer Weiſe weiter verbreitet, welche geeignet iſt, ihr bei einem Dritten Glauben zu verſchaffen.

Iſt dieſe Beleidigung in einer Druckſchrift begangen worden, ſo tritt Gefängnis bis zu einem Jahre oder Geldſtrafe bis zu 2000 fl. ein.

§. 197.

Eine Beſtrafung wegen Beleidigung kann auf Grund des §. 196 nicht erfolgen, wenn:

1. die behauptete oder eine ſolche Thatſache bewieſen wird, vermöge welcher auf jene Eigenſchaft oder Geſinnung, deren der Beleidigte gezeihen wurde, zu ſchließen iſt;

2. die Beſchuldigung nicht öffentlich und im guten Glauben erfolgte.

In beiden Fällen ist die Bestrafung nach §. 195 nicht ausgeschlossen, wenn die Beschuldigung in einer Weise erfolgte, welche als beschimpfend gilt.

§. 198.

Der Beweis der Wahrheit ist, soweit er nicht durch eine öffentliche Urkunde geführt wird, ausgeschlossen, wenn die Beschuldigung öffentlich (§. 90, Z. 2) erfolgte und nicht erkennbar ist, daß der Beleidiger dabei von der Absicht geleitet wurde, ein rechtlich begründetes Privatinteresse oder das öffentliche Wohl zu fördern.

§. 199.

Kommt es, um den Beweis der Wahrheit zu führen, darauf an, darzuthun, daß der Beleidigte eine bestimmte strafbare Handlung begangen habe, so gelten folgende Bestimmungen:

1. Der Beweis der Wahrheit ist ausgeschlossen, wenn durch rechtskräftige Entscheidung der zuständigen Strafbehörde ausgesprochen ist, daß dem Beleidigten die strafbare Handlung nicht nachgewiesen wurde, oder wenn bezüglich derselben ein Strafverfahren eingeleitet war, welches wegen Rücktrittes des Beleidigers von der Verfolgung durch Einstellung oder Freisprechung beendigt wurde.

2. Der Beweis der strafbaren Handlung ist durch das Urtheil der zuständigen Strafbehörde zu führen. Andere Beweismittel werden nur dann zugelassen, wenn die Strafbarkeit der Handlung durch Verjährung, Tod oder auf andere Weise damit erloschen ist und letztere nicht zu denjenigen Handlungen gehört, welche nur auf Antrag oder auf Grund einer Privatanklage verfolgt werden könnte.

3. Ist wegen der strafbaren Handlung zum Zwecke der Herbeiführung eines Strafverfahrens oder der Wiederaufnahme desselben bei der zuständigen Behörde Anzeige erstattet, so ist bis zum endgiltigen Abschluß der betreffenden Verhandlung mit dem Verfahren und der Entscheidung über die Beleidigung innezuhalten. In dem gegen den Beleidigten anhängigen strafgerichtlichen Verfahren kommen dem gerichtlich belangten Beleidiger die Rechte eines Privatbetheiligten (§§. 47 bis 50, 449 der Strafproceßordnung) zu.

§. 200.

Die Bestimmungen der §§. 196 bis 199 finden auch auf die Behauptung oder Verbreitung (§. 196, Z. 2) von Thatsachen Anwendung, welche geeignet sind, den Credit eines anderen oder das ihm in Bezug auf die Ausübung seines Berufes nöthige Vertrauen des Publicums zu gefährden.

§. 201.

Wegen Beleidigung wird auf die im §. 195 bezeichnete Art bestraft:

1. Wer über das Privatleben eines Anderen öffentlich eine Mittheilung macht, wenn die Absicht, diesen zu beleidigen, aus der Form der Mittheilung oder aus den Umständen, unter welchen sie erfolgt ist, hervorgeht;

2. wer jemand fälschlich einer strafbaren Handlung beschuldigt;

3. wer einem Anderen eine ausgestandene Strafe zum Vorwurfe macht, sofern nicht erkennbar ist, daß er hiebei durch die im §. 198 bezeichnete Absicht geleitet worden ist.

§. 202.

In den Fällen der §§. 196, 200 und 201 kann auf Verlangen des Beleidigten, wenn die Beleidigung nachtheilige Folgen für die Vermögensverhältnisse, den Erwerb oder das Fortkommen des Beleidigten mit sich bringt, neben der Strafe auf eine an den Beleidigten zu erlegende Geldbuße bis zum Betrage von 3000 fl. erkannt werden.

§. 203.

Die Bestimmungen der §§. 195 bis 199 und 201 finden auch Anwendung auf Handlungen, welche gegen das Andenken eines Verstorbenen gerichtet sind.

§. 204.

Die Bestrafung einer Beleidigung (§§. 195 bis 203) findet nur auf Grund einer Privatanklage statt.

Ist sie jedoch gegen eine im öffentlichen Dienste stehende Person, einen Religionsdiener oder ein Mitglied der bewaffneten Macht (§. 118) in Beziehung auf diese seine Stellung begangen worden, so kann die Verfolgung auch auf Antrag des dem Beleidigten amtlich Vorgesetzten eingeleitet werden.

§. 205.

Ist eine Ehefrau beleidigt worden, so ist zur Erhebung der Privatanklage auch ihr Gatte berechtigt.

War die Beleidigung gegen das Andenken eines Verstorbenen gerichtet, so sind der hinterbliebene Ehetheil und die Verwandten ersten und zweiten Grades zur Erhebung der Privatanklage berechtigt.

§. 206.

Wird wegen einer öffentlichen Beleidigung auf Strafe erkannt, so ist zugleich dem Beleidigten die Befugnis zuzusprechen, die Verurtheilung auf Kosten des Schuldigen öffentlich bekannt zu machen.

Die Art der Bekanntmachung, sowie die Frist zu derselben ist in dem Urtheile zu bestimmen.

§. 207.

Wird eine in diesem Hauptstücke vorgesehene Beleidigung von dem Angegriffenen oder einer ihm nahestehenden Person mit einer solchen Handlung sofort erwidert, so kann der Richter für beide Beschuldigte oder für den minder Schuldigen eine mildere Strafe eintreten lassen und auch von der Strafe ganz absehen.

XIII. Hauptstück.

Zweikampf.

§. 208.

Die Herausforderung zum Zweikampf mit Waffen, sowie die Stellung des Herausgeforderten zum Kampfe wird mit Staatsgefängnis bis zu sechs Monaten bestraft.

§. 209.

Staatsgefängnis von zwei Monaten bis zu zwei Jahren tritt ein, wenn bei der Herausforderung die Absicht, dass einer von beiden Theilen das Leben verlieren soll, entweder ausgesprochen ist oder aus der gewählten Art des Zweikampfes erhellt.

§. 210.

Diejenigen, welche den Auftrag zu einer Herausforderung übernehmen und ausrichten (Kartellträger), werden mit Staatsgefängnis bis zu drei Monaten und im Falle des §. 209 mit Staatsgefängnis bis zu sechs Monaten bestraft.

§. 211.

Die Partei, welche den Zweikampf vor dessen Beginn freiwillig aufgibt, wird straflos. Die Strafbarkeit der Kartellträger entfällt mit der des Herausforderers.

§. 212.

Der stattgefundene Zweikampf wird mit Staatsgefängnis bis zu fünf, und wenn keine Secundanten beigezogen wurden, bis zu zehn Jahren bestraft.

§. 213.

Wer seinen Gegner im Zweikampfe tödtet, wird mit Staatsgefängnis von zwei bis zu zehn Jahren, und wenn der Zweikampf den Tod des einen von beiden herbeizuführen bestimmt war, oder ohne Secundanten stattgefunden hat, mit Staatsgefängnis von fünf bis zu fünfzehn Jahren bestraft.

§. 214.

Kartellträger, welche ernstlich bemüht gewesen sind, den Zweikampf zu verhindern, Secundanten, sowie zum Zweikampfe zugezogene Zeugen und Ärzte sind straflos.

§. 215.

Ist eine Tödtung oder Körperverletzung mittels vorsätzlicher Übertretung der vereinbarten oder hergebrachten Regeln des Zweikampfes bewirkt worden, so sind auf den Übertreter neben den vorhergehenden Bestimmungen die allgemeinen Vorschriften über Tödtung und Körperverletzung im Sinne des §. 75 anzuwenden.

§. 216.

Wer einen Anderen zum Zweikampf mit einem dritten absichtlich, insbesondere durch Bezeigung oder Androhung von Verachtung anreizt, wird, falls der Zweikampf stattgefunden hat, mit Gefängnis nicht unter drei Monaten bestraft.

§. 217.

Wenn zwei Personen übereingekommen sind daß ein voraus bestimmter Zufall zu entscheiden habe, welcher von beiden sich selbst tödten soll, so sind dieselben mit Zuchthaus oder Staatsgefängnis bis zu zehn Jahren zu bestrafen.

Hat sich in Folge einer solchen Vereinbarung ein Theil selbst getödtet, so tritt Zuchthaus oder Staatsgefängnis von drei bis zu fünfzehn Jahren ein.

Die Aufforderung zu einem solchen Übereinkommen ist als Versuch anzusehen.

Die Theilnehmer sind nach den Bestimmungen der §§. 52 und 53 zu behandeln.

§. 218.

Das vorbezeichnete Verbrechen bleibt für alle Betheiligten straflos, wenn vor der obrigkeitlichen Entdeckung das Übereinkommen von beiden Theilen für unverbindlich erklärt wurde, oder derjenige, zu dessen Gunsten der bestimmte Zufall entschieden hat, dem anderen Theile die vermeintliche Verpflichtung zur Selbsttödtung erlassen hat und infolge dessen die Ausführung unterblieben ist.

XIV. Hauptstück.

Verbrechen und Vergehen wider das Leben.

§. 219.

Wer vorsätzlich einen Menschen tödtet, ist, wenn der Vorsatz in einer und derselben heftigen Gemüthsbewegung gefaßt und ausgeführt worden, des Todtschlages schuldig. Die Strafe des Todtschlages ist Zuchthaus von drei bis zu fünfzehn Jahren oder Gefängnis nicht unter drei Jahren.

War der Thäter ohne eigene Schuld durch eine ihm oder einer ihm nahestehenden Person zugefügte Mißhandlung oder schwere Beleidigung von dem Getödteten zum Zorne gereizt und hiedurch auf der Stelle zur That hingerissen worden, so tritt Gefängnisstrafe nicht unter einem Jahre ein.

§. 220.

Wer bei Unternehmung einer strafbaren Handlung, um ein der Ausführung derselben entgegenstehendes Hinderniß zu beseitigen, oder um sich der Ergreifung auf frischer That zu entziehen, einen Todtschlag verübt, wird mit Zuchthaus nicht unter fünf Jahren bestraft.

§. 221.

Ist jemand zur Tödtung eines Menschen durch das ausdrückliche und ernstliche Verlangen desselben bestimmt worden, so ist auf Gefängnis nicht unter zwei Jahren zu erkennen.

§. 222.

Eine Mutter, welche während oder gleich nach der Geburt ihr Kind tödtet, oder zur Tödtung desselben mitwirkt (§§. 52 und 53), oder es durch absichtliche Unterlassung des bei der Geburt nöthigen Beistandes um das Leben kommen läßt, wird mit Zuchthaus bis zu fünfzehn Jahren oder mit Gefängnis nicht unter einem Jahre bestraft.

Theilnehmer werden nach den Bestimmungen über Mord und Todtschlag bestraft.

§. 223.

Tritt keiner der in den §§. 219 bis 222, Absatz 1, erwähnten Fälle ein, so ist derjenige, welcher vorsätzlich einen Menschen tödtet, des Mordes schuldig.

Die Strafe des Mordes ist der Tod.

§. 224.

Wer einen Andern zur vorsätzlichen Tödtung eines Menschen zu bestimmen sucht, wird, wenn dieser sich nicht eines strafbaren Versuches schuldig macht, mit Zuchthaus bis zu fünf Jahren bestraft, es sei denn, daß er die Ausführung selbst verhindert hat.

Auf dieselbe Strafe ist gegen denjenigen zu erkennen, der sich einem Andern zur vorsätzlichen Tödtung eines Menschen anbietet.

§. 225.

Eine Schwangere, welche ihre Frucht abtreibt oder im Mutterleibe tödtet, oder dies durch einen Anderen ihun läßt, wird mit Zuchthaus bis zu fünf Jahren oder mit Gefängnis nicht unter sechs Monaten bestraft.

§. 226.

Dieselbe Strafe trifft denjenigen, welcher mit Einwilligung der Schwangeren ihre Frucht abtreibt oder im Mutterleibe tödtet. Hat er dies gegen Entgelt gethan, so ist auf Zuchthaus bis zu zehn Jahren zu erkennen.

§. 227.

Außer dem Falle des §. 226 wird derjenige, welcher die Leibesfrucht einer Schwangeren abtreibt oder im Mutterleibe tödtet, mit Zuchthaus von zwei bis zu fünfzehn Jahren bestraft. Ist durch die Handlung der Tod der Schwangeren verursacht worden, so tritt Zuchthaus nicht unter zehn Jahren ein.

§. 228.

Wer eine hilflose Person aussetzt, oder wer eine solche Person, wenn dieselbe unter seiner Obhut steht, oder wenn er für die Unterbringung, Fortschaffung oder Aufnahme derselben zu sorgen hat, in hilfloser Lage verläßt, wird mit Gefängnis nicht unter drei Monaten bestraft.

Wird die Handlung von leiblichen Eltern gegen ihr Kind begangen, so tritt Gefängnisstrafe nicht unter sechs Monaten ein.

Ist durch die Handlung eine schwere Körperverletzung der ausgesetzten oder verlassenen Person verursacht worden, so kann auf Zuchthaus bis zu zehn Jahren erkannt werden. Wenn durch die Handlung der Tod verursacht worden ist, tritt Zuchthaus bis zu fünfzehn Jahren oder Gefängnis nicht unter einem Jahre ein.

§. 229.

Wer durch Fahrlässigkeit den Tod eines Menschen verursacht, wird mit Gefängnis bis zu drei Jahren oder an Geld bis zu 2000 fl. bestraft.

Wenn der Thäter zu der Aufmerksamkeit, welche er aus den Augen setzte, vermöge seines Amtes, Berufes oder Gewerbes besonders verpflichtet war, so kann bis auf fünf Jahre Gefängnis erkannt werden.

XV. Hauptstück.

Körperverletzung.

§. 230.

Wer einen Anderen mißhandelt oder am Körper oder an der Gesundheit beschädigt, wird wegen Körperverletzung mit Gefängnis bis zu sechs Monaten oder an Geld bis zu 500 fl. bestraft.

§. 231.

Die Körperverletzung wird mit Gefängnis bestraft:

1. wenn sie eine über eine Woche anhaltende Gesundheitsstörung oder Berufsunfähigkeit zur Folge hatte oder mit besonderen Qualen verbunden war;

2. wenn sie mit Werkzeugen oder unter Umständen verübt wurde, welche Lebensgefahr begründen;

3. wenn sie an Verwandten aufsteigender Linie begangen wurde.

§. 232.

Hat die Körperverletzung zur Folge, daß der Verletzte einen Arm, eine Hand, ein Bein, einen Fuß, die Nase, das Sehvermögen auf einem oder beiden Augen, das Gehör, die Sprache oder die Fortpflanzungsfähigkeit verliert oder in Siechthum, Lähmung oder in eine Geisteskrankheit verfällt, oder eine bleibende Verunstaltung erleidet, so ist wegen schwerer Körperverletzung auf Gefängnis nicht unter einem Monate zu erkennen.

§. 233.

Ist die Körperverletzung in der Absicht zugefügt worden, eine der im §. 232 bezeichneten Folgen herbeizuführen, so ist auf Zuchthaus bis zu zehn Jahren oder auf Gefängnis nicht unter sechs Monaten zu erkennen.

Ist keine der erwähnten Folgen eingetreten, so finden die Bestimmungen über den Versuch Anwendung.

§. 234.

Hat die Körperverletzung den Tod des Verletzten zur Folge, so ist wegen tödtlicher Verletzung auf Zuchthaus bis zu fünfzehn Jahren oder auf Gefängnis nicht unter einem Jahre zu erkennen.

§. 235.

Treten die Voraussetzungen des zweiten Absatzes des §. 219 ein, so ist in den in den §§. 233 und 234 erwähnten Fällen auf Gefängnis nicht unter drei Monaten zu erkennen.

§. 236.

Ist durch eine Schlägerei oder durch einen von mehreren gemachten Angriff der Tod eines Menschen oder eine der in den §§. 231, Z. 1 und 232 bezeichneten Folgen verursacht worden, so ist jeder, welcher sich an der Schlägerei oder an dem Angriff betheiligt hat, schon wegen dieser Betheiligung mit Gefängnis bis zu drei Jahren zu bestrafen.

Die gegenwärtige Bestimmung ist nicht anwendbar auf denjenigen:

1. welcher ohne sein Verschulden in die Schlägerei hineingezogen wurde;

2. welcher lediglich in der Absicht vorging, der Schlägerei ein Ende zu machen;

3. welchem die Körperverletzung zugefügt wurde.

Ist eine der vorbezeichneten Folgen mehreren Mißhandlungen zuzuschreiben, welche dieselbe nicht einzeln, sondern nur durch ihr Zusammentreffen verursacht haben, so ist jeder, welchem eine dieser Mißhandlungen zur Last fällt, mit Gefängnis nicht unter einem Monat zu bestrafen.

§. 237.

Wer einem Anderen, um dessen Gesundheit zu beschädigen, Gift oder andere Stoffe beibringt, welche die Gesundheit zu zerstören geeignet sind, wird mit Zuchthaus bis zu zehn Jahren bestraft. Ist durch die Handlung eine schwere Körperverletzung verursacht worden, so ist auf Zuchthaus von fünf bis zu fünfzehn Jahren, und wenn durch diese Handlung der Tod verursacht worden, auf Zuchthaus nicht unter zehn Jahren zu erkennen.

Der Schuldige wird straflos, wenn er zu einer Zeit, in welcher seine That noch nicht entdeckt war, aus eigenem Antriebe die nachtheiligen Folgen der Handlung abgewendet hat.

§. 238.

Wer durch Fahrlässigkeit einen Anderen am Körper oder an seiner Gesundheit beschädigt, wird wegen fahrlässiger Körperverletzung mit Gefängnis bis zu drei Monaten oder an Geld bis zu 500 fl. bestraft. Hatte die Fahrlässigkeit eine der in den §§. 231, Z. 1, und 232 bezeichneten Folgen herbeigeführt, so ist auf Gefängnis bis zu zwei Jahren oder an Geld bis zu 1000 fl. zu erkennen.

War der Thäter zu der Aufmerksamkeit, welche er aus den Augen setzte, vermöge seines Amtes, Berufes oder Gewerbes besonders verpflichtet, so kann auf Gefängnis bis zu drei Jahren erkannt werden.

§. 239.

In allen Fällen der Körperverletzung kann auf Verlangen des Verletzten neben der Strafe auf eine an denselben zu erlegende Geldbuße bis zum Betrage von 3000 fl. erkannt werden.

§. 240.

Wegen der in den §§. 230, 231, Z. 3, und 238, Absatz 1, vorgesehenen strafbaren Handlungen wird die Verfolgung nur auf Antrag eingeleitet.

§. 241.

Die Bestimmungen des gegenwärtigen Hauptstückes finden auch Anwendung auf Überschreitung des Züchtigungsrechtes.

XVI. Hauptstück.

Verbrechen und Vergehen wider die persönliche Freiheit.

§. 242.

Wer sich eines Menschen durch List, Drohung oder Gewalt bemächtigt, um ihn in hilfloser Lage auszusetzen, oder in Sklaverei, Leibeigenschaft oder in auswärtige Kriegs- oder Schiffsdienste zu bringen, oder damit er an einem Orte, wo er dem Schutze des Staates entzogen ist, in rechtswidriger Abhängigkeit erhalten werde, wird wegen Menschenraubes mit Zuchthaus von drei bis zu fünfzehn Jahren oder mit Gefängnis nicht unter drei Jahren bestraft.

Derselben Strafe unterliegt, wer sich an dem Handel mit Sclaven oder an deren Verfrachtung betheiligt.

Auf Zulässigkeit der Stellung unter Polizeiaufsicht kann erkannt werden.

§. 243.

Wer eine minderjährige Person durch List Drohung oder Gewalt, oder wer eine Person, welche das vierzehnte Lebensjahr noch nicht zurückgelegt hat, ihren Eltern oder demjenigen entzieht, unter dessen rechtmäßiger Obhut sie sich befindet, wird mit Gefängnis, und wenn die Handlung in der Absicht geschieht, die Person zum Betteln oder zu gewinnsüchtigen oder unsittlichen Zwecken zu gebrauchen, mit Zuchthaus bis zu zehn Jahren oder mit Gefängnis nicht unter einem Jahre bestraft.

Auch kann auf Zulässigkeit der Stellung unter Polizeiaufsicht erkannt werden.

§. 244.

Wer sich einer Frauensperson in einer auf Unzucht gerichteten Absicht wider ihren Willen durch List, Drohung oder Gewalt bemächtigt und sie wegführt oder in seiner Gewalt zurückbehält, wird wegen Entführung mit Zuchthaus bis zu zehn Jahren oder mit Gefängnis nicht unter einem Jahre bestraft.

Wenn die Entführung begangen wurde, um die Entführte zur Ehe zu bringen, wird sie mit Gefängnis bestraft; die Verfolgung tritt nur auf Antrag ein.

§. 245.

Wer eine minderjährige unverehelichte Frauensperson, welche das vierzehnte Lebensjahr zurückgelegt hat, mit ihrem Willen ihren Eltern oder demjenigen, unter dessen rechtmäßiger Obhut sie sich befindet, entzieht, um sie zur Unzucht oder zur Ehe zu bringen, wird wegen Entführung mit Gefängnis bestraft.

Die Verfolgung tritt nur auf Antrag ein.

§. 246.

Hat der Entführer die Entführte geheirat t, so findet die Verfolgung nur statt, nachdem die Ehe für ungiltig erklärt worden ist.

Die im §. 86, Absatz 2, festgesetzte Frist zu dieser Antragstellung beginnt erst mit dem Zeitpunkte, in welchem dem Antragsberechtigten die Ungiltigerklärung der Ehe bekannt geworden ist.

§. 247.

Wer rechtswidrig einen Menschen gefangen hält oder auf andere Weise des Gebrauches der persönlichen Freiheit beraubt, wird mit Gefängnis oder an Geld bis zu 500 fl., und wenn die Freiheitsentziehung über eine Woche gedauert hat, mit Gefängnis nicht unter einem Monate bestraft.

Wenn die Freiheitsentziehung über drei Monate gedauert hat, oder wenn eine schwere Körperverletzung des der Freiheit Beraubten durch die Freiheitsentziehung oder die ihm während derselben widerfahrene Behandlung verursacht worden ist, so kann auf Zuchthaus bis zu zehn Jahren erkannt werden. Ist der Tod des der Freiheit Beraubten durch die Freiheitsentziehung oder die ihm während derselben widerfahrene Behandlung verursacht worden, so ist auf Zuchthaus bis zu fünfzehn Jahren oder Gefängnis nicht unter sechs Monaten zu erkennen.

§. 248.

Wer einen Anderen durch rechtswidrige Anwendung oder Anbrohung von Gewalt oder durch Bedrohung mit rechtswidriger Zufügung von Nachtheilen zu einer Handlung, Duldung oder Unterlassung zwingt, wird wegen Nöthigung mit Gefängnis bis zu einem Jahre oder an Geld bis zu 1000 fl. bestraft.

§. 249.

Wer einen Anderen mit rechtswidriger Zufügung von Nachtheilen unter Umständen bedroht, welche geeignet sind, in dem Bedrohten die Besorgnis vor der Ausführung der Drohung hervorzurufen, wird mit Gefängnis bis zu sechs Monaten oder an Geld bis zu 500 fl. bestraft.

XVII. Hauptstück.

Raub und Erpressung.

§. 250.

Wer mit Gewalt gegen eine Person oder unter Anwendung von Drohungen mit gegenwärtiger Gefahr für Leib oder Leben eine fremde bewegliche Sache einem Anderen in der Absicht wegnimmt, sich dieselbe rechtswidrig zuzueignen, wird wegen Raubes mit Zuchthaus bis zu zehn Jahren oder mit Gefängnis nicht unter sechs Monaten bestraft.

§. 251.

Auf Zuchthaus von zwei bis zu fünfzehn Jahren ist zu erkennen, wenn

1. zu dem Raube mehrere mitwirkten, welche sich zur fortgesetzten Begehung von Raub oder Diebstahl verbunden haben;

2. der Raub nach Eintritt der Dunkelheit in einem Wohngebäude oder dem zu einem solchen gehörigen umschlossenen Raume oder einem bewohnten Schiffe begangen wurde, in welche sich der Thäter zur Begehung eines Raubes oder Diebstahls mittels Einbruchs oder Einsteigens Eingang verschafft, oder in welchen er sich in dieser Absicht verborgen hatte;

3. der Schuldige bereits wegen Raubes, wegen räuberischer Erpressung, wegen gewaltthätigen Diebstahls oder sonst wiederholt wegen Diebstahls im Inlande bestraft worden ist;

4. bei dem Raube ein Mensch körperlich gepeinigt wurde.

§. 252.

Auf Zuchthaus nicht unter fünf Jahren ist zu erkennen, wenn die Handlung eine schwere Körperverletzung oder den Tod des Verletzten zur Folge hatte.

§. 253.

Wer jemand durch Anwendung oder Anbrohung von Gewalt oder durch Bedrohung mit Zufügung von Nachtheilen zu einer Handlung, Duldung oder Unterlassung zwingt, um dadurch sich oder Anderen einen rechtswidrigen Vermögensvortheil zu verschaffen, ist wegen Erpressung mit Gefängnis nicht unter einem Monat zu bestrafen.

§. 254.

Wird die Erpressung durch Bedrohung mit Mord, mit Menschenraub, mit Nothzucht, mit Entführung, mit falscher Anschuldigung oder falscher Aussage zum Nachtheil eines Beschuldigten oder mit einem der im XXV. Hauptstück behandelten Verbrechen begangen, so ist auf Zuchthaus bis zu fünf Jahren oder auf Gefängnis nicht unter sechs Monaten zu erkennen.

§. 255.

Wurde die Erpressung durch Gewalt gegen eine Person oder unter Anwendung von Drohungen mit gegenwärtiger Gefahr für Leib oder Leben begangen, so ist der Thäter wegen räuberischer Erpressung gleich einem Räuber zu bestrafen.

§. 256.

Neben der wegen Erpressung erkannten Zuchthausstrafe und neben jeder wegen Raubes oder räuberischer Erpressung verhängten Strafe kann auf Zulässigkeit der Stellung unter Polizeiaufsicht erkannt werden.

Auch kann mit der wegen Erpressung verhängten Freiheitsstrafe Geldstrafe bis zu 4000 fl. verbunden werden.

XVIII. Hauptstück.

Diebstahl und Unterschlagung.

§. 257.

Wer eine fremde bewegliche Sache einem Anderen in der Absicht wegnimmt, dieselbe sich rechtswidrig zuzueignen, begeht einen Diebstahl.

§. 258.

Der Diebstahl wird mit Gefängnis oder mit Zuchthaus bis zu fünf Jahren bestraft:

1. wenn aus einem zum Gottesdienste bestimmten Gebäude Gegenstände gestohlen werden, welche dem Gottesdienste gewidmet oder zu wohlthätigen Zwecken gesammelt sind;

2. wenn aus einem Gebäude oder umschlossenen Raume mittels Einbruchs, Einsteigens oder Erbrechens von Behältnissen, oder mittels Eröffnung von Schlössern durch Anwendung nachgemachter oder entwendeter Schlüssel oder anderer vom Inhaber hiezu nicht bestimmter Werkzeuge gestohlen wird;

3. wenn auf einem öffentlichen Wege, einer Straße, einem öffentlichen Platze, einer Wasserstraße oder einer Eisenbahn oder in einem Postgebäude oder dem dazu gehörigen Hofraume, oder auf einem Eisenbahnhofe eine zum Reisegepäck oder zu anderen Gegenständen der Beförderung gehörende Sache mittels Abschneidens oder Ablösens der Befestigungs- oder Verwahrungsmittel oder durch Anwendung nachgemachter oder entwendeter Schlüssel oder anderer vom Inhaber hiezu nicht bestimmter Werkzeuge gestohlen wird;

4. wenn der Thäter oder einer der Gehilfen sich mit Waffen versehen hatte;

5. wenn zu dem Diebstahle mehrere mitwirkten, welche sich zur fortgesetzten Begehung von Raub oder Diebstahl verbunden haben;

6. wenn der Diebstahl nach Eintritt der Dunkelheit in einem Wohngebäude oder dem zu einem solchen gehörigen umschlossenen Raume oder einem bewohnten Schiffe, in welche der Dieb sich in der Absicht zu stehlen eingeschlichen, oder in welchen er sich in dieser Absicht verborgen hatte, begangen wurde;

7. wenn während einer Feuers- oder Wasser-
noth oder einer ähnlichen öffentlichen Bedrängnis
gestohlen wurde;

8. wenn dem Schuldigen erkennbar war, daß
mit der That eine Gefahr für das Leben oder die
Gesundheit von Menschen, die Gefahr der Beschä-
digung von fremdem Eigenthume in größerer Aus-
dehnung oder die Gefahr der Störung des Betriebes
von mit Locomotiven oder anderen mechanischen
Motoren betriebenen Eisenbahnen, Dampfschiffen,
Telegraphen-, Telephon-, Gas-, Wasser-, elektrischen
Leitungen, welche öffentlichen Zwecken dienen, oder
Bergwerken verbunden ist;

9. wenn der Wert der Sache 50 fl. übersteigt;

10. wenn eine Militär- (Landwehr-) Person
während ihrer activen Dienstleistung, oder wenn eine
im Landwehrverband stehende Person während ihrer
Einberufung zur militärischen Ausbildung, zur
periodischen Waffenübung oder zur Controlversamm-
lung ihren Kameraden oder ihren Vorgesetzten, oder
der letztere seinen Untergebenen bestiehlt, wenn sie
als Wache oder Bedeckungsmannschaft den Diebstahl
an dem Gute, zu dessen Bewachung oder Bedeckung
sie befehligt ist, verübt oder durch andere verüben läßt.

§. 259.

Treffen zwei der im §. 258 unter Z. 2, 4, 5, 6
erwähnten Erschwerungsumstände zusammen oder
übersteigt der Wert der Sache 1000 fl., so ist auf
Zuchthaus bis zu zehn Jahren oder auf Gefängnis
nicht unter drei Monaten zu erkennen.

§. 260.

Ist der Diebstahl durch keinen der im §. 258
erwähnten Umstände erschwert, so wird er mit Gefängnis bis zu sechs Monaten bestraft.

§. 261.

Wenn der des Diebstahls Schuldige wegen
Diebstahls, Raubes, räuberischer Erpressung oder
Hehlerei im Inlande wiederholt bestraft worden war,
als er die Handlung beging und seit Verbüßung
oder Erlassung der letzten Strafe noch nicht fünf
Jahre verflossen sind, kann auf das Doppelte der
schwersten unter den ihm früher wegen einer der gedachten strafbaren Handlungen auferlegten Strafen
erkannt werden. Doch darf aus diesem Grunde nicht
eine mehr als zehnjährige Zuchthausstrafe verhängt
werden.

§. 262.

Wer zum Zwecke der Verübung eines Diebstahls
eine Person in einen Zustand der Wehr- oder Willens-
losigkeit versetzt, oder bei einem Diebstahle auf frischer
That betroffen gegen eine Person Gewalt verübt oder
Drohungen mit gegenwärtiger Gefahr für Leib oder
Leben anwendet, um sich im Besitze der gestohlenen

Sache zu erhalten, ist wegen gewaltthätigen Diebstahls gleich einem Räuber zu bestrafen.

§. 263.

Wer sich eine fremde bewegliche, in seinem Gewahrsam befindliche Sache rechtswidrig zueignet, wird wegen Unterschlagung mit Gefängnis bestraft.

Wenn der Wert der Sache 1000 fl. übersteigt, so kann auf Zuchthaus bis zu zehn Jahren erkannt werden.

Beträgt der Wert der Sache nicht mehr als 50 fl., so tritt Gefängnis bis zu sechs Monaten ein.

§. 264.

War die unterschlagene Sache eine gefundene oder irrthümlich zugekommene, so ist nie auf Zuchthaus zu erkennen. Auch kann in diesem Falle, wenn der Wert die Summe von 50 fl. nicht übersteigt, Geldstrafe allein bis zu 500 fl. verhängt werden.

§. 265.

Mit jeder wegen vollendeten Diebstahls oder vollendeter Unterschlagung verhängten Freiheitsstrafe kann Geldstrafe bis zum doppelten Werte der gestohlenen oder unterschlagenen Sache verbunden werden.

Neben der wegen Diebstahls verhängten Strafe kann überdies auf Zulässigkeit der Stellung unter Polizeiaufsicht erkannt werden, wenn der Schuldige schon einmal wegen Diebstahls, Raubes oder räuberischer Erpressung verurtheilt worden ist, oder wenn auf Zuchthaus oder auf Gefängnis über sechs Monate erkannt wird.

§. 266.

Bei der Bestimmung des Wertes einer gestohlenen oder unterschlagenen oder durch einen Versuch dieser Handlungen angegriffenen Sache ist der gemeine Wert (§. 305 a. b G. B.), welchen dieselbe zur Zeit der Handlung hatte, zugrunde zu legen.

§. 267.

Diebstähle und Unterschlagungen, welche unter Ehegatten während des ehelichen Beisammenlebens, unter Verwandten oder Verschwägerten auf- und absteigender Linie, unter Wahl- oder Pflegeeltern und Kindern, unter Geschwistern, oder unter anderen in häuslicher Gemeinschaft lebenden Verwandten oder Verschwägerten, oder endlich von minderjährigen Personen an ihren Vormündern oder Erziehern verübt werden, werden nur auf Antrag verfolgt.

Zuchthausstrafe ist in solchen Fällen ausgeschlossen.

XIX. Hauptstück.

Begünstigung und Hehlerei.

§. 268.

Wer nach Begehung eines Verbrechens oder Vergehens dem Thäter oder Theilnehmer ohne vorausgegangenes Einverständnis Beistand leistet, um denselben der Bestrafung zu entziehen, ist wegen Begünstigung mit Gefängnis bis zu zwei Jahren oder an Geld bis zu 500 fl. zu bestrafen.

Die Begünstigung ist straflos, wenn sie dem Ehegatten, oder einem Verwandten oder Verschwägerten auf- oder absteigender Linie, den Wahl- oder Pflegeeltern oder -Kindern, den Geschwistern, Geschwisterkindern oder noch näher verwandten Personen, den Geschwistern des Ehegatten oder den Ehegatten der Geschwister gewährt wurde.

§. 269.

Wer nach Begehung eines Verbrechens oder Vergehens dem Thäter oder Theilnehmer ohne vorausgegangenes Einverständnis Beistand leistet, um die Vortheile aus der verübten That zu sichern, ist wegen Begünstigung mit Gefängnis bis zu drei Jahren oder an Geld bis zu 500 fl. zu bestrafen.

§. 270.

In den Fällen der §§. 268 und 269 darf auf den Begünstiger kein strengerer Strafsatz angewendet werden, als sich im Falle eines vorausgegangenen Einverständnisses bei Anwendung der §§. 52 und 53 ergeben würde.

§. 271.

Wer ohne vorausgegangenes Einverständnis einem zum Dienste in der bewaffneten Macht der Monarchie eidlich verpflichteten Mann, welcher den Dienst treulos verlassen hat, Beistand leistet, um seine Flucht zu befördern, oder um denselben der Bestrafung zu entziehen, ist mit Gefängnis bis zu einem Jahre oder an Geld bis zu 500 fl. zu bestrafen.

Die Begünstigung ist straflos, wenn sie den im 2. Absatze des §. 268 genannten Personen gewährt wurde, um sie der Bestrafung zu entziehen.

§. 272.

Wegen Hehlerei wird mit Gefängnis und an Geld bis zu 500 fl. bestraft, wer um seines Vortheiles willen

1. Sachen, von welchen er weiß oder den Umständen nach annehmen muß, daß sie durch Diebstahl Unterschlagung, Raub, räuberische Erpressung oder durch das im §. 107 bezeichnete Verbrechen erlangt

6*

worden sind, verheimlicht, ankauft, eintauscht, als Pfand annimmt, sonst an sich bringt, deren Absatz bei Anderen übernimmt oder dazu mitwirkt;

2. sich auf andere Weise der Begünstigung von Personen, welche eine der vorerwähnten strafbaren Handlungen begangen haben, schuldig macht.

Auf Gefängnis bis zu sechs Monaten ist zu erkennen, wenn der Werth der verhehlten Sachen nicht mehr als 50 fl. beträgt und dieselben nicht durch ein Verbrechen erlangt wurden (§. 1). Unter denselben Bedingungen kann, wenn die verhehlte Sache gefunden, oder irrthümlich zugekommen war, auf Geldstrafe bis zu 500 fl. erkannt werden.

Hat der Schuldige die Hehlerei gewerbsmäßig betrieben, so ist auf Zuchthaus von zwei bis zu fünf Jahren und auf Geldstrafe bis zu 1000 fl., bei sehr ausgedehntem Betriebe der Hehlerei aber auf Zuchthaus von zwei bis zu zehn Jahren und Geldstrafe bis zu 3000 fl. zu erkennen.

Im Falle eines vorausgegangenen Einverständnisses finden die §§. 52 und 53 nur insoferne Anwendung, als sich hienach ein strengerer Strafsatz ergibt, als nach den vorstehenden Bestimmungen.

§. 273.

Neben jeder Verurtheilung wegen Hehlerei kann auf Zulässigkeit der Stellung unter Polizeiaufsicht erkannt werden.

§. 274.

Die Bestimmung des §. 261 ist auch bei der Verurtheilung wegen Hehlerei anzuwenden.

XX. Hauptstück.

Betrug und Untreue.

§. 275.

Wer in der Absicht, sich oder Anderen einen rechtswidrigen Vermögensvortheil zu verschaffen, jemand mittels arglistiger Hervorrufung oder Unterhaltung eines Irrthums an seinem Vermögen Schaden zufügt, begeht einen Betrug.

§. 276.

Der Betrug wird mit Zuchthaus bis zu zehn Jahren oder mit Gefängnis nicht unter drei Monaten bestraft, wenn der Schaden 1000 fl. übersteigt.

§. 277.

Der Betrug wird mit Gefängnis bestraft:

1. wenn der Schaden 50 fl. übersteigt;

2. wenn der Betrug durch Gebrauch von falschem oder geringhältigem Maß oder Gewicht bei Ausübung eines Gewerbes, oder

3. von Gewerbsleuten, welche mit Waren aus edlen Metallen, mit Gold- und Silberbarren, Edelsteinen oder Perlen verkehren, mittels Anwendung einer nachgemachten oder verfälschten oder Übertragung einer echten Punze oder durch falsche Bezeichnung oder unrichtige Angaben über Gewicht, Feingehalt oder Echtheit begangen, oder

4. mittels Vorspiegelung amtlicher Eigenschaften oder Aufträge verübt wurde.

§. 278.

Mit Zuchthaus bis zu zehn Jahren oder mit Gefängnis nicht unter drei Monaten wird bestraft, wer in der Absicht, sich oder Andern einen rechtswidrigen Vermögensvortheil zu verschaffen, eine gegen Feuersgefahr versicherte Sache in Brand setzt, oder ein Schiff, welches als solches oder in seiner Ladung oder in seinem Frachtlohn versichert ist, sinken oder stranden macht.

§. 279.

Wenn keiner der vorbezeichneten Fälle (§§. 276, 277 und 278) vorliegt, so wird der Betrug mit Gefängnis bis zu sechs Monaten bestraft.

§. 280.

Wenn der Schuldige bereits wiederholt wegen Betruges im Inlande bestraft worden war, als er die Handlung beging, und seit Verbüßung oder Erlassung der letzten Strafe noch nicht fünf Jahre verflossen sind, kann auf das Doppelte der schwersten unter den ihm früher wegen Betruges auferlegten Strafen erkannt werden. Doch darf aus diesem Grunde nicht eine mehr als zehnjährige Zuchthausstrafe verhängt werden.

§. 281.

Mit jeder wegen vollendeten Betruges §§. 275 bis 280 verhängten Freiheitsstrafe kann Geldstrafe bis zu dem Doppelten des Schadens verbunden werden.

§. 282.

Die Bestimmungen der §§. 266 und 267 finden auch bei dem Betruge Anwendung.

§. 283.

Wer mittels arglistiger Hervorrufung oder Unterhaltung eines Irrthums, jedoch ohne betrügerische Absicht jemanden veranlasst, unter Verhältnissen Credit zu gewähren oder gewährten zu verlängern, unter welchen die künftige Befriedigung desselben zwar als möglich, aber nicht als wahrscheinlich anzusehen ist, wird mit Gefängnis bis zu einem Jahre bestraft.

Die Verfolgung tritt nur auf Antrag ein und findet wegen Versuchs nicht statt.

§. 284.

Wer ohne die Absicht, sich oder Andern einen rechtswidrigen Vermögensvortheil zu verschaffen, jemand mittels arglistiger Hervorrufung oder Unterhaltung eines Irrthums Schaden an Vermögen zufügt, wird mit Gefängnis bis zu sechs Monaten oder an Geld bis zu 500 fl. und wenn der Schaden 500 fl. übersteigt, mit Gefängnis bis zu zwei Jahren oder an Geld bis zu 1000 fl. bestraft.

Die Verfolgung tritt nur auf Antrag ein und findet wegen Versuchs nicht statt.

§. 285.

Wegen Untreue wird mit Gefängnis oder an Geld bis zu 2000 fl. bestraft, wer Vermögensrechte eines Anderen, welche seiner Obsorge anvertraut sind, absichtlich zu dessen Nachtheil preisgibt, insofern dies nicht unter Umständen geschieht, vermöge deren er glauben konnte, dies aus Billigkeit oder anderen berücksichtigenswerten Gründen redlicherweise thun zu können.

Wird die Untreue um eigenen Vortheils willen begangen, so kann auf Zuchthaus bis zu fünf Jahren erkannt und hiemit Geldstrafe bis zur doppelten Höhe des erlangten Vortheiles verbunden werden.

Auf Verlangen des Verletzten kann neben der Strafe auf eine an denselben zu erlegende Geldbuße bis zum Betrage von 3000 fl. erkannt werden.

XXI. Hauptstück.

Urkundenfälschung.

§. 286.

Wer in rechtswidriger Absicht von einer verfälschten oder falsch angefertigten Urkunde zum Zwecke einer Täuschung Gebrauch macht, wird wegen Urkundenfälschung mit Gefängnis bis zu sechs Monaten oder an Geld bis zu 500 fl., und wenn die Urkunde eine öffentliche, gleichviel ob in- oder ausländische ist, mit Gefängnis oder an Geld bis zu 1000 fl. bestraft.

§. 287.

Wird von der Urkunde in der Absicht Gebrauch gemacht, sich oder Anderen einen rechtswidrigen Vermögensvortheil zu verschaffen oder jemand an seinem Vermögen Schaden zuzufügen, so tritt Gefängnis oder Zuchthaus bis zu fünf, und wenn der wirklich zugefügte Schaden 1000 fl. übersteigt, Zuchthaus bis zu zehn Jahren oder Gefängnis nicht unter drei Monaten ein.

Mit der Freiheitsstrafe kann Geldstrafe bis zu 5000 fl. verbunden werden.

§. 288.

Eine verfälschte Urkunde liegt auch dann vor, wenn der Inhalt einer Urkunde durch Ausreißen, Ausstreichen oder Vertilgen eines Theiles derselben, geändert wird.

Eine falsch angefertigte Urkunde liegt auch dann vor, wenn einem mit der Unterschrift eines Anderen versehenen Papiere ohne dessen Willen, oder dessen Anordnungen zuwider durch Ausfüllung ein urkundlicher Inhalt gegeben ist.

§. 289.

Mit Gefängnis bis zu sechs Monaten oder an Geld bis zu 500 fl. wird bestraft, wer dadurch, daß er einem zur Führung öffentlicher Bücher oder Register oder zur Aufnahme öffentlicher Urkunden Berufenen über rechtlich erhebliche Umstände täuscht, diesen veranlaßt:

1 eine Thatsache als von ihm festgestellt zu beurkunden, welche überhaupt nicht oder in anderer Weise eingetreten ist;

2. eine Erklärung als abgegeben zu beurkunden, welche überhaupt nicht, oder in anderer Weise, oder von einer Person in einer ihr nicht zustehenden Eigenschaft oder von einer anderen Person abgegeben ist.

Hiebei macht es keinen Unterschied, ob die öffentlichen Bücher, Register und Urkunden in- oder ausländische sind.

§. 290.

Wer die vorbezeichnete Handlung in der Absicht begeht, sich oder Anderen einen rechtswidrigen Vermögensvortheil zu verschaffen oder jemand Nachtheil zuzufügen, wird mit Zuchthaus bis zu zehn Jahren oder Gefängnis nicht unter einer Woche bestraft, womit Geldstrafe bis zu 4000 fl. verbunden werden kann.

§. 291.

Wer von einer falschen Beurkundung der im §. 289 bezeichneten Art in rechtswidriger Absicht zum Zwecke einer Täuschung Gebrauch macht, wird nach den Vorschriften der §§. 289 und 290 bestraft.

§. 292.

Mit Gefängnis, neben welchem auf Geldstrafe bis zu 1000 fl. erkannt werden kann, wird bestraft, wer rechtswidrig und in der Absicht, einem Anderen Nachtheil zuzufügen:

1. eine Urkunde, welche ihm entweder überhaupt nicht, oder nicht ausschließlich gehört, vernichtet, beschädigt oder unterdrückt, oder

2. einen Grenzstein oder ein anderes zur Bezeichnung einer Grenze oder eines Wasserstandes bestimmtes, und in dieser Bedeutung unter den Betheiligten anerkanntes oder unter öffentlicher

Autorität gesetztes Zeichen wegnimmt, vernichtet, unkenntlich macht, verrückt oder falsch setzt.

§. 293.

Mit Gefängnis oder an Geld bis zu 1000 fl. wird bestraft, wer

1. von nachgemachtem oder verfälschtem Stempelpapier, von solchen Stempelmarken, Stempelblanquetten, Stempelabdrücken, Post- oder Telegraphen-Freimarken, gestempelten Briefcouverts oder Correspondenzkarten oder anderen mit dem Freimarkenstempel versehenen post- oder telegraphenämtlichen Wertzeichen als von echten oder unverfälschten Stücken Gebrauch macht, oder sie in Verkehr bringt,

2. zu diesem Zwecke Falsificate der bezeichneten Art anfertigt, anschafft oder anderen verschafft,

3. bereits verwendete echte Stücke nach Entfernung der Entwertungszeichen abermals verwendet, oder in Verkehr bringt.

Den unter §. 1 bezeichneten Gegenständen können in Beziehung auf den strafgesetzlichen Schutz andere solche Bescheinigungen über die Entrichtung einer staatlichen Abgabe oder Gebür durch im Reichsgesetzblatt kundgemachte Verordnung gleichgestellt werden.

§. 294.

Wer zur Täuschung von Behörden oder Versicherungsunternehmungen von einem verfälschten Zeugnis eines Arztes oder einer anderen approbirten Medicinalperson, oder von einem Zeugnis Gebrauch macht, welches jemand fälschlich unter dem Namen einer solchen Person oder unter der ihm nicht zustehenden Bezeichnung als Arzt oder approbirte Medicinalperson ausgestellt hat, wird mit Gefängnis bis zu sechs Monaten oder an Geld bis zu 500 fl. bestraft.

§. 295.

Ärzte und andere approbirte Medicinalpersonen, welche ein unrichtiges Zeugnis über den Gesundheitszustand eines Menschen zum Gebrauche bei einer Behörde oder Versicherungsunternehmung wider besseres Wissen ausstellen, werden mit Gefängnis bis zu zwei Jahren oder an Geld bis zu 500 fl. bestraft.

§. 296.

Wer, um eine Behörde oder eine Versicherungsunternehmung über seinen oder eines anderen Gesundheitszustand zu täuschen, von einem Zeugnisse der im §. 295 bezeichneten Art Gebrauch macht, wird mit Gefängnis bis zu sechs Monaten oder an Geld bis zu 500 fl. bestraft.

XXII. Hauptstück.

Strafbare Benachtheiligung der Gläubiger und Bankerott.

§. 297.

Wer in der Absicht, bei einer ihm drohenden oder bereits im Zuge befindlichen Zwangsvollstreckung die Befriedigung seines Gläubigers ganz oder theilweise zu vereiteln, bewegliche oder unbewegliche Sachen beschädigt, zerstört oder wertlos macht, Vermögensstücke bei Seite schafft oder sich derselben entäußert, Schulden oder Rechtsgeschäfte erdichtet, wird mit Gefängnis bis zu drei Jahren bestraft.

§. 298.

Wegen betrüglichen Bankerotts ist der in Concurs gerathene Schuldner zu bestrafen, wenn er gegenüber dem, sei es bevorstehenden, sei es eröffneten Concurse die Lage der Gläubiger in der Absicht, sich oder Anderen rechtswidrigen Vermögensvortheil zu verschaffen, verschlimmert hat, insbesondere wenn er in dieser Absicht zum Nachtheile der Gläubiger

1. Vermögensstücke verheimlicht oder bei Seite geschafft, oder sonst über sie verfügt hat,

2. Schulden oder Rechtsgeschäfte anerkannt oder aufgestellt hat, welche ganz oder theilweise erdichtet oder ungiltig sind.

Die Strafe ist Zuchthaus bis zu zehn Jahren oder Gefängnis nicht unter drei Monaten. Zugleich kann auf Geldstrafe bis zu 5000 fl. erkannt werden, wenn die Zahlungsunfähigkeit nur vorgespiegelt war.

§. 299.

Mit Zuchthaus bis zu fünf Jahren oder mit Gefängnis wird bestraft, wer im Interesse des in Concurs gerathenen Schuldners gegenüber dem, sei es bevorstehenden oder eröffneten Concurse Vermögensstücke zum Nachtheile der Gläubiger verheimlicht oder bei Seite schafft.

§. 300.

Ein in Concurs gerathener Schuldner, welcher gegenüber dem ihm bevorstehenden Concurse zum Nachtheile der Gläubiger einzelnen derselben vorzugsweise Sicherstellung oder Befriedigung gewährt, oder verschafft hat, wird mit Gefängnis bis zu drei Jahren bestraft.

§. 301.

Ein in Concurs gerathener Schuldner wird wegen fahrlässigen Bankerotts mit Gefängnis bis zu zwei Jahren bestraft, wenn er

1. seine Zahlungsunvermögenheit auch nur zum Theile durch übermäßigen Aufwand, unordentlichen Haushalt, Vernachlässigung seines Erwerbsbetriebes, Verschleuderung von Vermögensstücken, leichtsinniges Creditgeben, durch Spiel, durch gewagte Geschäfte, welche seinem regelmäßigen Geschäftsbetriebe fremd sind, oder zu seinem Vermögen in keinem richtigen Verhältnisse stehen, herbeigeführt hat;

2. zu einer Zeit, wo ihm seine Überschuldung bekannt sein musste, durch leichtsinnige Eingehung von Schulden die Lage der Gläubiger verschlimmert hat;

3. Handelsbücher, soweit er zu deren Führung verpflichtet war, zu führen unterlassen, oder dieselben verheimlicht, vernichtet oder so unordentlich geführt hat, dass sie keine Übersicht des Vermögensstandes gewähren;

4. obgleich hiezu verpflichtet, es unterlassen hat, die Bilanz seines Vermögens in der gesetzlich vorgeschriebenen Zeit zu ziehen.

§. 302.

Wenn über das Vermögen einer Gesellschaft, einer Genossenschaft, eines Vereines, oder eines Handels- oder Gewerbsmannes, welcher die Geschäfte nicht selbst geführt hat, der Concurs eröffnet wird, so sind jene Personen, welchen die selbständige Leitung des Unternehmens allein oder mit Anderen oblag, gleich dem Schuldner zu bestrafen, wenn ihnen ein im Sinne der §§. 298, 300 und 301 strafbares Verhalten zur Last fällt.

§. 303.

Mit Gefängnis bis zu zwei Jahren wird der Gläubiger eines in Concurs gerathenen Schuldners bestraft, welcher

1. sich einen Vermögensvortheil dafür gewähren oder versprechen lässt, dass er bei der Abstimmung der Concursgläubiger in einem gewissen Sinne stimme oder sich der Stimmabgabe enthalte; oder

2. dafür, dass er der Aufhebung des Concurses über Einverständnis der Gläubiger oder der Beendigung des Concurses durch Vergleich zustimmt, sich insgeheim Sondervortheile gewähren oder versprechen lässt; oder

3. wer Forderungen, welche erdichtet oder ungiltig sind, in der Absicht in dem Concursverfahren geltend macht, um dadurch einen ihm nicht zustehenden Einfluss auf die Wahl der Personen, denen die Verwaltung oder die Realisirung des Massavermögens zukommt, oder nnmittelbar auf die Verwaltung oder die Realisirung des Massavermögens auszuüben.

§. 304.

Die Bestimmungen der §§. 298 bis 302 finden auch dann Anwendung, wenn nach der Entscheidung des Gerichtes die Eröffnung des Concurses nur deshalb unterbleibt, weil nur ein einziger persönlicher Gläubiger vorhanden oder das Vermögen zu gering ist, um die Kosten der Concursverhandlung zu decken

§. 305.

Mit Gefängnis bis zu zwei Jahren wird der Concursmassaverwalter oder ein Mitglied des Concursgläubigerausschusses bestraft, welcher für seine Thätigkeit in dieser Eigenschaft überhaupt oder in einem einzelnen Falle sich insgeheim einen Vermögensvortheil gewähren oder versprechen läßt.

XXIII. Hauptstück.

Strafbarer Eigennutz und Verletzung fremder Geheimnisse.

§. 306.

Wer aus dem Glücksspiele ein Gewerbe macht, wird mit Gefängnis bis zu zwei Jahren bestraft, neben welchem auf Geldstrafe bis zu 3000 fl. erkannt werden kann.

Als Glücksspiel ist jedes Spiel anzusehen, bei welchem Gewinn und Verlust lediglich vom Zufalle abhängen.

§. 307.

Der Inhaber eines öffentlichen Versammlungsortes, welcher Glücksspiele daselbst gestattet oder zur Verheimlichung solcher Spiele mitwirkt, ist mit Gefängnis bis zu drei Monaten oder an Geld bis zu 500 fl. zu bestrafen.

Derselben Strafe unterliegt, wer zum Betriebe von Glücksspielen gewerbsmäßig oder um seines Vortheiles willen Räumlichkeiten hergibt oder beschafft.

§. 308.

Wer seine eigene bewegliche Sache oder eine fremde bewegliche Sache mit Zustimmung oder zu Gunsten des Eigenthümers wegnimmt oder bei Seite schafft und hiedurch den Nutznießer, Pfandgläubiger oder denjenigen, welchem an der Sache ein Gebrauchsoder Zurückbehaltungsrecht zusteht, in dessen Rechten beeinträchtigt, wird mit Gefängnis bis zu sechs Monaten oder an Geld bis zu 500 fl. bestraft.

Die Bestrafung erfolgt nur auf Grund einer Privatanklage.

§. 309.

Wer jemand mittels arglistiger Hervorrufung oder Unterhaltung eines Irrthums zur Gewährung eines Geschenkes veranlaßt, wird mit Gefängnis bis zu sechs Monaten bestraft, womit auch Geldstrafe bis zu 300 fl. verbunden werden kann.

Die Verfolgung tritt nur auf Antrag ein.

§. 310.

Wer an Orten, an denen zu jagen er nicht berechtigt ist, die Jagd ausübt, wird mit Gefängnis bis zu sechs Monaten oder an Geld bis zu 500 fl. bestraft.

Wenn hiebei dem Wilde mit Schlingen, Netzen, Fallen oder anderen Vorrichtungen, oder wenn einer Wildart während der für dieselbe vorgeschriebenen Schonzeit nachgestellt, oder wenn das Vergehen nach Eintritt der Dunkelheit oder gemeinschaftlich von mehreren begangen wird, so ist die Strafe nicht unter einer Woche Gefängnis oder nicht unter 10 fl. zu bemessen.

Beträgt der Wert des Wildes mehr als 50 fl., so tritt Gefängnis bis zu zwei Jahren ein.

§. 311.

Wer unberechtigtes Jagen gewohnheitsmäßig betreibt, wird mit Gefängnis nicht unter drei Monaten bestraft; auch kann auf Zulässigkeit der Stellung unter Polizeiaufsicht erkannt werden.

Wer bei unberechtigtem Jagen gegen eine Person Gewalt oder Drohungen anwendet, um sich in den Besitz des Wildes zu setzen oder zu erhalten, wird nach Maßgabe der §§. 253 bis 256 bestraft.

§. 312.

Wer unberechtigt fischt oder Krebse fängt, ist mit Gefängnis bis zu drei Monaten oder an Geld bis zu 500 fl. zu bestrafen.

Die Strafe kann bis auf sechs Monate Gefängnis erhöht werden, wenn die Handlung nach Eintritt der Dunkelheit oder unter Anwendung schädlicher oder explodirender Stoffe verübt wurde.

Wenn der Wert der Fische oder Krebse mehr als 50 fl. beträgt oder das Fischen oder Krebsen gewohnheitsmäßig betrieben wurde, so tritt Gefängnis bis zu zwei Jahren ein.

§. 313.

Wer Sachen, welche durch unberechtigtes Jagen, Fischen oder Krebsen erlangt worden sind, um seines Vortheiles willen verheimlicht, ankauft, eintauscht, als Pfand annimmt, sonst an sich bringt, deren Absatz bei anderen übernimmt oder dazu mitwirkt, ist mit Gefängnis bis zu sechs Monaten oder mit Geldstrafe bis zu 300 fl. zu bestrafen.

Bei gewerbsmäßigem Betriebe oder wenn der Wert des Wildes, der Fische oder Krebse mehr als 50 fl. beträgt, tritt Gefängnis bis zu zwei Jahren ein.

§. 314.

Wer einen verschlossenen Brief oder eine andere verschlossene Schrift, die nicht zu seiner Kenntnisnahme bestimmt ist, unbefugterweise eröffnet oder unterdrückt, wird mit Gefängnis bis zu drei Monaten oder an Geld bis zu 500 fl. bestraft.

Die Bestrafung erfolgt nur auf Grund einer Privatanklage.

§. 315.

Advokaten, Notare, Vertheidiger in Strafsachen, Ärzte, Hebammen, Apotheker, sowie die Gehülfen dieser Personen werden, wenn sie unbefugt Privatgeheimnisse offenbaren, die ihnen kraft ihres Amtes, Standes oder Gewerbes anvertraut sind, mit Gefängnis bis zu drei Monaten oder an Geld bis zu 500 fl. bestraft.

Die Bestrafung erfolgt nur auf Grund einer Privatanklage.

§. 316.

Wer in gewinnsüchtiger Absicht den Leichtsinn oder die Unerfahrenheit eines Minderjährigen dazu mißbraucht, um sich von demselben die Zahlung einer Geldsumme oder die Erfüllung einer anderen vermögensrechtlichen Verpflichtung versprechen oder sicherstellen zu lassen, wird mit Gefängnis bis zu drei Monaten oder an Geld bis zu 500 fl. bestraft.

Dieselbe Strafe trifft denjenigen, welcher eine Forderung, von der er weiß, daß sie auf die angegebene Weise entstanden ist, erwirbt und dieselbe weiter veräußert oder geltend macht.

Bei wiederholter Verurtheilung, oder wenn Geschäfte dieser Art gewerbs- oder gewohnheitsmäßig betrieben werden, kann auf Gefängnis bis zu sechs Monaten und auf Geldstrafe bis zu 1000 fl. erkannt werden.

§. 317.

Mit Gefängnis bis zu sechs Monaten und an Geld bis zu 1000 fl. wird bestraft:

1. Wer um seines Vortheiles willen die ihm bekannte Nothlage eines anderen dadurch ausbeutet, daß er ihn zu einer ihn bedrückenden, durch die eingetretenen Umstände nicht gerechtfertigten Abänderung eines mit ihm eingegangenen Vertrages bestimmt.

2. Wer sich der Erfüllung einer übernommenen Vertragspflicht in der Absicht entzieht, um aus der dadurch geschaffenen Nothlage des anderen Vertrags-

theiles sich zu besseren Nachtheil einen durch die Umstände nicht gerechtfertigten Vortheil zu verschaffen.

§. 318.

Wer bei Veräußerung beweglicher Sachen auf Credit den Leichtsinn, die Verstandesschwäche oder Unerfahrenheit des Erwerbers dadurch ausbeutet, daß er denselben zu Anschaffungen beredet, welche den gesellschaftlichen oder wirtschaftlichen Verhältnissen desselben offenbar nicht entsprechen, oder daß er sich oder einem Dritten Gegenleistungen gewähren oder versprechen läßt, welche den Wert der veräußerten Sache maßlos übersteigen, wird, wenn er solche Geschäfte gewerbs- oder gewohnheitsmäßig betreibt, mit Gefängnis bis zu einem Jahre und an Geld bis zu 2000 fl. bestraft.

§. 319.

Wer sich eines unbefugten Nachdruckes oder einer dem unbefugten Nachdrucke durch das Gesetz gleichgestellten unbefugten Vervielfältigung, Nachbildung oder öffentlichen Aufführung eines literarischen oder artistischen Erzeugnisses oder einer anderen Beeinträchtigung der durch das Gesetz den Autoren solcher Erzeugnisse, ihren Rechtsnachfolgern oder den ihnen gesetzlich gleichgestellten Personen eingeräumten Rechte schuldig macht, oder mit Erzeugnissen eines solchen unbefugten Nachdruckes oder einer solchen unbefugten Nachbildung Handel treibt, wird mit Gefängnis bis zu sechs Monaten oder an Geld bis zu 2000 fl. bestraft.

Die Bestrafung erfolgt nur auf Grund einer Privatanklage; auf Verlangen des Privatanklägers ist auf Zerlegung des Drucksatzes und auf Verfall der vorhandenen Exemplare, Abdrücke, Abgüsse, Platten, Steine, Formen und anderer Objecte, welche ausschließlich zur Ausführung der Vervielfältigung gedient haben, ferner im Falle einer unbefugten Aufführung auf den Verfall der Manuscripte, Textbücher, Partituren und Rollen zu erkennen. Dem Privatankläger ist die Befugnis zuzusprechen, die Verurtheilung auf Kosten des Schuldigen öffentlich bekannt zu machen. Die Art der Bekanntmachung, sowie die Frist zu derselben ist in dem Urtheile zu bestimmen. Auf Verlangen des Verletzten kann neben der Strafe auf eine an denselben zu erlegende Geldbuße bis zum Betrage von 3000 fl. erkannt werden.

§. 320.

Wer in gewinnsüchtiger Absicht die Unwissenheit oder Unerfahrenheit eines Anderen dazu mißbraucht, um denselben zu grundlosen, im gesetzlichen Instanzenzuge bereits abgethanen Beschwerden zu verleiten, wird mit Gefängnis bis zu drei Monaten oder an Geld bis zu 500 fl. bestraft.

XXIV. Hauptstück.

Sachbeschädigung.

§. 321.

Wer eine fremde Sache beschädigt, zerstört oder sonst für den Eigenthümer werthlos macht, wird mit Gefängnis bis zu zwei Jahren oder an Geld bis zu 1000 fl. bestraft.

§. 322.

Wer Gegenstände der Verehrung einer im Staate bestehenden Religionsgesellschaft, oder Sachen, die dem Gottesdienste gewidmet sind, oder Grabmäler, öffentliche Denkmäler, Gegenstände der Kunst, der Wissenschaft oder des Gewerbes, welche in öffentlichen Sammlungen aufbewahrt werden oder öffentlich ausgestellt sind, oder öffentliche Baumpflanzungen oder andere Gegenstände, welche zum öffentlichen Nutzen oder zur Verschönerung öffentlicher Wege, Plätze oder Anlagen dienen, beschädigt oder zerstört, wird mit Gefängnis bis zu drei Jahren oder an Geld bis zu 2000 fl. bestraft.

§. 323.

Beträgt in den Fällen der §§. 321 und 322 der Schaden nicht mehr als 50 fl., so ist auf Gefängnis nicht über sechs Monate oder auf Geldstrafe nicht über 500 fl. zu erkennen.

§. 324.

Auf Gefängnis nicht unter einem Monat ist gegen denjenigen zu erkennen, welcher ein Gebäude, ein Schiff, eine Brücke, einen Damm, eine gebaute Straße, eine Eisenbahn oder ein anderes Bauwerk, welche fremdes Eigenthum sind, ganz oder theilweise zerstört.

§. 325.

Die Verfolgung wegen Sachbeschädigung tritt nur auf Antrag ein. Ausgenommen sind die Fälle, in welchen es sich um die in den §§. 322 und 324 bezeichneten Gegenstände handelt.

XXV. Hauptstück.

Gemeingefährliche Verbrechen und Vergehen.

§. 326.

Wegen Brandstiftung wird mit Zuchthaus bis zu fünfzehn Jahren bestraft, wer in Brand setzt

1. ein zu gottesdienstlichen Versammlungen bestimmtes Gebäude;

2. ein Gebäude, ein Schiff oder eine Hütte, welche zur Wohnung von Menschen dienen;

3. eine Räumlichkeit, welche zeitweiſe zum Aufenthalt von Menſchen dient, und zwar zu einer Zeit, während welcher Menſchen in derſelben ſich aufzuhalten pflegen.

Hiebei macht es keinen Unterſchied, ob dieſe Gegenſtände dem Brandſtifter oder einem Anderen gehören.

Die Anwendung der vorſtehenden Strafbeſtimmung iſt ausgeſchloſſen, wenn jemand ſein Eigenthum unter Umſtänden in Brand ſetzt oder ſetzen läßt, unter welchen damit weder für das Leben noch für das Eigenthum Anderer Gefahr verbunden iſt.

§. 327.

Die Brandſtiftung an einem der vorbezeichneten Gegenſtände wird mit Zuchthaus nicht unter zehn Jahren beſtraft, wenn

1. durch den Brand der Tod eines Menſchen verurſacht worden iſt, welcher bereits zur Zeit der That in einer der in Brand geſetzten Räumlichkeiten ſich befand;

2. die Brandſtiftung durch eine auf Verheerungen berechnete Zuſammenrottung oder wenn ſie in der Abſicht begangen worden iſt, den Brand zur Verübung von Mord oder Raub zu benützen.

§. 328.

Wegen Brandſtiftung wird, ſoweit nicht der im letzten Abſatze des §. 326 vorgeſehene Fall eintritt, mit Zuchthaus bis zu zehn Jahren oder mit Gefängnis nicht unter drei Monaten beſtraft, wer Gebäude, Schiffe, Hütten, Bergwerke, Magazine, Warenvorräthe, welche auf dazu beſtimmten öffentlichen Plätzen lagern, Vorräthe an landwirtſchaftlichen Erzeugniſſen oder von Bau- und Brennmaterialien, Früchte auf dem Felde, Waldungen, Holzungen oder Torfmoore in Brand ſetzt.

Hat der Brandſtifter, um das Löſchen des Feuers zu verhindern oder zu erſchweren, Löſchgeräthſchaften entfernt oder unbrauchbar gemacht, ſo tritt Zuchthaus bis zu zehn Jahren ein.

§. 329.

Wer durch Fahrläſſigkeit einen Brand der in den §§. 326 und 328 bezeichneten Art verurſacht, wird mit Gefängnis bis zu einem Jahre oder an Geld bis zu 1000 fl. und wenn durch den Brand der Tod eines Menſchen verurſacht worden iſt, mit Gefängnis von einem Monate bis zu drei Jahren beſtraft.

§. 330.

Hat der Thäter den Brand (§§. 326 bis 329), bevor derſelbe entdeckt war, durch eigene Thätigkeit oder Herbeiziehung fremder Hilfe ſogleich wieder gelöscht, so daß ein weiterer, als der durch die bloße Inbrandsetzung bewirkte Schaden nicht entstanden ist, so tritt Straflosigkeit ein.

§. 331.

Wer durch Anwendung von Sprengstoffen als Sprengmittel Gefahr für das Eigenthum, die Gesundheit oder das Leben eines Anderen herbeiführt, wird mit Zuchthaus bis zu fünfzehn Jahren bestraft.

Ist durch die Handlung eine schwere Körperverletzung verursacht worden, so tritt die Strafe des Zuchthauses und wenn der Tod eines Menschen verursacht worden ist, lebenslängliche Zuchthausstrafe ein. Hat der Thäter den tödtlichen Erfolg voraussehen können, so ist auf Todesstrafe zu erkennen.

§. 332.

Wenn mehrere die Ausführung einer nach §. 331 zu ahndenden strafbaren Handlung verabredet, oder sich zur fortgesetzten Begehung derartiger, wenn auch im einzelnen noch nicht bestimmten Handlungen verbunden haben, so werden dieselben selbst dann, wenn die wirkliche Ausführung des im §. 331 bezeichneten Verbrechens nicht begonnen wurde, mit Zuchthaus bis zu zehn Jahren bestraft.

§. 333.

Wer Sprengstoffe oder Bestandtheile derselben oder Vorrichtungen zu deren Verwendung herstellt, anschafft, bestellt oder in seinem Besitze hat, in der Absicht, um durch Anwendung derselben (§. 331) Gefahr für das Eigenthum, die Gesundheit oder das Leben eines Anderen selbst herbeizuführen oder andere Personen zur Begehung dieses Verbrechens instand zu setzen, ferner wer Sprengstoffe, wissend, daß dieselben zur Begehung dieses Verbrechens bestimmt sind, an andere Personen überläßt, wird mit Zuchthaus bis zu zehn Jahren bestraft.

§. 334.

Wer öffentlich (§. 90, Z. 2) zur Begehung einer der in den §§. 331 und 332 bezeichneten strafbaren Handlungen oder zur Theilnahme an denselben auffordert, oder öffentlich (§. 90, Z. 2) diese Handlungen anpreist oder zu rechtfertigen versucht oder wer Anleitungen zur Begehung der in den §§. 331, 332 und 333 bezeichneten, strafbaren Handlungen ertheilt, wird mit Zuchthaus bis zu zehn Jahren bestraft.

§. 335.

In den Fällen der §§. 331 bis 333 ist auf den Verfall der Sprengstoffe, beziehungsweise der Bestandtheile und Vorrichtungen, dann der zur Herstellung derselben gebrauchten oder bestimmten Gegenstände zu erkennen, ohne Unterschied, ob dieselben dem Thäter gehören oder nicht.

7

§. 336.

Die Strafbarkeit der in den §§. 331 bis 333 bezeichneten Verbrechen erliſcht, wenn der Schuldige aus eigenem Antriebe und nicht wegen eingetretener Entdeckung oder anderer Hinderniſſe von dem Unternehmen zurücktritt und jeder aus ſeiner Thätigkeit oder der ſeiner Genoſſen etwa entſtandene Nachtheil durch ihn ſelbſt oder infolge einer von ihm rechtzeitig an die Behörden erſtatteten Anzeige vollſtändig beſeitigt wird.

§. 337.

Wer durch Fahrläſſigkeit bei Gebahren mit Sprengſtoffen die Beſchädigung fremden Eigenthums oder die Körperverletzung eines Menſchen verurſacht, wird mit Gefängnis bis zu einem Jahre oder an Geld bis zu 1000 fl. und wenn der Tod eines Menſchen verurſacht worden iſt, mit Gefängnis bis zu drei Jahren beſtraft.

§. 338.

Wer mit gemeiner Gefahr für Menſchenleben eine Überſchwemmung verurſacht, wird mit Zuchthaus bis zu fünfzehn Jahren und, wenn durch die Überſchwemmung der Tod eines Menſchen verurſacht worden iſt, mit Zuchthaus nicht unter fünf Jahren beſtraft.

§. 339.

Wer mit gemeiner Gefahr für das Eigenthum eine Überſchwemmung verurſacht, wird mit Zuchthaus bis zu zehn Jahren oder Gefängnis nicht unter einem Jahre beſtraft.

Iſt jedoch die Abſicht des Thäters nur auf Schutz ſeines Eigenthums gerichtet geweſen, ſo iſt auf Gefängnis nicht unter einem Jahre zu erkennen.

§. 340.

Wer eine Überſchwemmung mit gemeiner Gefahr für Leben oder Eigenthum durch Fahrläſſigkeit verurſacht, wird mit Gefängnis bis zu einem Jahre oder an Geld bis zu 1000 fl., und wenn durch die Überſchwemmung der Tod eines Menſchen verurſacht worden iſt, mit Gefängnis von einem Monate bis zu drei Jahren beſtraft.

§. 341.

Wer den Beförderungsbetrieb einer mit Locomotiven oder anderen mechaniſchen Motoren betriebenen Eiſenbahn durch Beſchädigung von Anlagen, von Beförderungsmitteln oder ſonſtigem Zubehör, durch falſche Zeichen oder Signale oder auf andere Weiſe in Gefahr ſetzt, iſt mit Zuchthaus bis zu zehn Jahren oder mit Gefängnis nicht unter einem Jahre zu beſtrafen.

Hat die Handlung eine ſchwere Körperverletzung verurſacht, ſo iſt auf Zuchthaus bis zu fünfzehn

Jahren, und wenn der Tod eines Menschen verursacht worden ist, auf Zuchthaus nicht unter fünf Jahren zu erkennen.

§. 342.

Wer fahrlässigerweise durch eine der vorbezeichneten Handlungen den Beförderungsbetrieb auf einer Eisenbahn (§. 341) in Gefahr setzt, wird mit Gefängnis bis zu einem Jahre oder an Geld bis zu 1000 fl. und, wenn durch die Handlung der Tod eines Menschen verursacht worden ist, mit Gefängnis von einem Monate bis zu drei Jahren bestraft.

§. 343.

Die in den §§. 341 und 342 angedrohte Strafe trifft die zur Leitung der Fahrten auf Eisenbahnen (§. 341) und zur Aufsicht über die Bahn und den Beförderungsbetrieb angestellten Personen, wenn sie durch vorsätzliche oder durch fahrlässige Richterfüllung der ihnen obliegenden Pflichten einen Transport in Gefahr setzen.

Nebst der Freiheitsstrafe kann auf Geldstrafe bis zu 1000 fl. erkannt werden.

§. 344.

Wer gegen eine zu öffentlichen Zwecken dienende Telegraphen- oder Telephonanstalt Handlungen begeht, welche die Benützung dieser Anstalt verhindern oder stören, wird mit Gefängnis bis zu drei Jahren bestraft.

§. 345.

Wer gegen eine zu öffentlichen Zwecken dienende Telegraphen- oder Telephonanstalt fahrlässiger Weise Handlungen begeht, welche die Benützung dieser Anstalt verhindern oder stören, wird mit Gefängnis bis zu einem Jahre oder an Geld bis zu 500 fl. bestraft.

§. 346.

Die in den §§. 344 und 345 angedrohte Strafe trifft die zur Beaufsichtigung oder Bedienung der daselbst erwähnten Telegraphen- oder Telephonanstalten und ihres Zubehörs angestellten Personen, wenn sie durch vorsätzliche oder durch fahrlässige Richterfüllung der ihnen obliegenden Pflichten die Benützung der Anstalt verhindern oder stören.

Neben der Freiheitsstrafe kann auf Geldstrafe bis zu 1000 fl. erkannt werden.

§. 347.

Wird einer der in den §§. 343 und 346 erwähnten Angestellten wegen einer der in den §§. 341 bis 346 bezeichneten Handlungen oder Unterlassungen verurtheilt, so kann derselbe zugleich zeitig (§. 34) oder für immer unfähig zu einer Beschäftigung im

7*

Eisenbahn- oder Telegraphen- oder Telephondienste oder in bestimmten Zweigen dieser Dienste erklärt werden.

§. 348.

Die Vorsteher einer Eisenbahnunternehmung, sowie die Vorsteher einer zu öffentlichen Zwecken dienenden Telegraphen- oder Telephonanstalt, welche nicht sofort nach Mittheilung des rechtskräftigen Erkenntnisses (§. 347) die Entfernung des Verurtheilten bewirken, werden mit Gefängnis bis zu drei Monaten oder an Geld bis zu 1000 fl. bestraft. Gleiche Strafe trifft denjenigen, welcher für unfähig zum Eisenbahn- oder Telegraphen- oder Telephondienste erklärt worden ist, wenn er sich während der im Urtheile bestimmten Dauer seiner Unfähigkeit bei einer Eisenbahn- oder Telegraphen- oder Telephonanstalt wieder anstellen läßt, sowie diejenigen, welche ihn wieder angestellt haben.

§. 349.

Wer Dampfkessel, Dampfmaschinen, Vorrichtungen zur Erzeugung von Leuchtgas oder explodirenden Stoffen, Vorrichtungen in Bergwerken, Gas-, Wasser- oder elektrische Leitungen, Schleusen, Wehren, Deiche, Dämme oder andere Wasserbauten, oder Brücken, Fähren, Wege oder Schutzwehren zerstört oder beschädigt, wer vorsätzlich die ihm bei der Beschäftigung mit diesen Gegenständen obliegenden Pflichten nicht erfüllt, wer in schiffbaren Strömen, Flüssen, Canälen, oder Seen das Fahrwasser stört und durch eine dieser Handlungen Gefahr für das Leben oder die Gesundheit eines Anderen verursacht, wird mit Gefängnis nicht unter drei Monaten bestraft.

Ist durch eine dieser Handlungen eine schwere Körperverletzung verursacht worden, so ist auf Zuchthaus bis zu fünf Jahren, und wenn der Tod eines Menschen verursacht worden ist, auf Zuchthaus nicht unter fünf Jahren zu erkennen.

§. 350.

Wer ein zur Sicherung der Schifffahrt angebrachtes Zeichen zerstört, wegschafft oder unwirksam macht oder ein solches Zeichen auslöscht oder seiner Dienstpflicht zuwider nicht anbringt, oder ein falsches Zeichen, welches geeignet ist, die Schifffahrt unsicher zu machen, anbringt, insbesondere nach eingetretener Dunkelheit auf der Strandhöhe Feuer anzündet, welches die Schifffahrt zu gefährden geeignet ist, wird mit Zuchthaus bis zu zehn Jahren oder mit Gefängnis nicht unter einem Jahre bestraft.

Ist durch die Handlung die Strandung eines Schiffes verursacht worden, so ist auf Zuchthaus bis zu fünfzehn Jahren, und wenn der Tod eines Menschen verursacht worden ist, auf Zuchthaus nicht unter fünf Jahren zu erkennen.

§. 351.

Wer die Strandung oder das Sinken eines Schiffes bewirkt und dadurch Gefahr für das Leben eines Anderen herbeiführt, wird mit Zuchthaus bis zu fünfzehn Jahren und, wenn durch die Handlung der Tod eines Menschen verursacht worden ist, mit Zuchthaus nicht unter fünf Jahren bestraft.

§. 352.

Wer Brunnen oder Wasserbehälter, welche zum Gebrauche Anderer dienen, vergiftet oder denselben Stoffe beimischt, von denen ihm bekannt ist, daß sie beigemischt die menschliche Gesundheit zu beschädigen geeignet sind, wird mit Zuchthaus bis zu fünf Jahren oder Gefängnis nicht unter einem Jahre, und wenn dadurch ein Mensch beschädigt wurde, mit Zuchthaus bis zu zehn Jahren bestraft. Ist durch die Handlung der Tod eines Menschen verursacht worden, so tritt Zuchthaus nicht unter fünf Jahren ein.

§. 353.

Wer durch was immer für eine andere Handlung vorsätzlich gemeine Gefahr für Menschenleben oder Eigenthum verursacht, ist mit Zuchthaus bis zu zehn Jahren oder mit Gefängnis nicht unter einem Jahre zu bestrafen.

Hat die Handlung eine schwere Körperverletzung verursacht, so ist auf Zuchthaus bis zu fünfzehn Jahren und wenn der Tod eines Menschen verursacht worden ist, auf Zuchthaus nicht unter fünf Jahren zu erkennen.

§. 354.

Wenn mehrere die Ausführung einer nach den §§. 326, 327, 328, 338, 339, 341, 343, 344, 349, 350, 351, 352 und 353 zu ahndenden strafbaren Handlung begangen haben, oder sich zur fortgesetzten Begehung derartiger, wenn auch im einzelnen noch nicht bestimmten Handlungen verbunden haben, so werden dieselben selbst dann, wenn die wirkliche Ausführung der strafbaren Handlung nicht begonnen wurde, mit Zuchthaus bis zu zehn Jahren oder mit Gefängnis bestraft.

Die Hälfte des Höchstausmaßes der auf das verabredete Verbrechen oder Vergehen für den Fall des Eintrittes der schwersten damit etwa verbundenen Folgen angedrohten Strafe darf nicht überschritten werden.

§. 355.

Neben der nach den Vorschriften der §§. 326 bis 328, 331 bis 334, 338, 339, 341, 349 bis 353 verhängten Zuchthausstrafe kann auf Zulässigkeit der Stellung unter Polizeiaufsicht erkannt werden.

§. 356.

Wer absichtlich einer ansteckenden Krankheit in einem Orte oder Gebiete, wo sie noch nicht verbreitet ist, Eingang verschafft, wird mit Zuchthaus bis zu zehn Jahren, und wenn dadurch der Tod eines Menschen verursacht worden ist, mit Zuchthaus nicht unter zehn Jahren bestraft.

§. 357.

Wer den Anordnungen, welche von der Behörde zur Abwehr oder Tilgung einer ansteckenden Menschenkrankheit erlassen worden sind, zuwiderhandelt, wird mit Gefängnis bis zu zwei Jahren bestraft.

Ist infolge dessen ein Mensch von der ansteckenden Krankheit ergriffen worden, so tritt Gefängnis von drei Monaten bis zu drei Jahren ein.

§. 358.

Mit Zuchthaus bis zu fünf Jahren oder mit Gefängnis nicht unter drei Monaten wird bestraft, wer, um Thiere Anderer zu tödten oder zu beschädigen, Weiden, Wiesen, Futtervorräthe, Viehtränken oder Fischgewässer vergiftet.

§. 359.

Wer bei der Leitung oder Ausführung eines Baues wider die allgemein anerkannten Regeln der Baukunst dergestalt handelt, daß hieraus für Andere Gefahr entsteht, wird mit Gefängnis bis zu einem Jahre oder an Geld bis zu 1000 fl. bestraft.

Ist durch die Handlung eine schwere Körperverletzung oder der Tod eines Menschen verursacht worden, so tritt Gefängnis von drei Monaten bis zu drei Jahren ein.

§. 360.

Ist eine der in den §§. 349 bis 352, 357 und 359 bezeichneten Handlungen aus Fahrlässigkeit begangen worden, oder haben die bei dem im §. 349 bezeichneten Gegenständen Beschäftigten die ihnen obliegenden Pflichten fahrlässigerweise nicht erfüllt, so ist, wenn durch die Handlung ein Schaden verursacht worden ist, auf Gefängnis bis zu einem Jahre oder auf Geldstrafe bis zu 1000 fl. und, wenn der Tod eines Menschen verursacht worden ist, auf Gefängnis von einem Monat bis zu drei Jahren zu erkennen.

§. 361.

Wer die mit einer Behörde geschlossenen Lieferungsverträge über Lebensmittel zur Abwendung oder Beseitigung eines Nothstandes vorsätzlich oder aus Fahrlässigkeit nicht gehörig erfüllt, wird nach den Bestimmungen des §. 99 bestraft.

XXVI. Hauptstück.

Verbrechen und Vergehen im Amte.

§. 362.

Ein Beamter, welcher zwar sein Amt nach Pflicht ausübt, aber um es auszuüben, Geschenke oder andere ihm nicht gebürende Vortheile annimmt, fordert oder sich versprechen läßt, ist mit Gefängnis bis zu sechs Monaten oder an Geld bis zu 500 fl. zu bestrafen.

Das Anbieten, Versprechen oder Gewähren des Geschenkes oder Vortheiles ist nicht strafbar.

§. 363.

Ein Beamter, welcher für eine Handlung oder Unterlassung, die eine Verletzung seiner Amts- oder Dienstpflicht enthält, Geschenke oder andere Vortheile annimmt, fordert oder sich versprechen läßt, wird mit Zuchthaus bis zu fünf Jahren oder mit Gefängnis bestraft.

§. 364.

Wer, um einen Beamten oder ein Mitglied der bewaffneten Macht (§. 118) zu einer Handlung oder Unterlassung, die eine Verletzung seiner Amts- oder Dienstpflicht enthält, zu bestimmen, demselben Geschenke oder andere Vortheile anbietet, verspricht oder gewährt, wird wegen Bestechung mit Gefängnis oder an Geld bis zu 1000 fl. bestraft.

§. 365.

Ein richterlicher Beamter, Schiedsrichter oder Geschworner, welcher Geschenke oder andere Vortheile annimmt, fordert, oder sich versprechen läßt, um eine Angelegenheit, welche als Richter zu leiten oder zu entscheiden ihm allein oder mit anderen obliegt, zu Gunsten oder zum Nachtheile eines Betheiligten zu leiten oder zu entscheiden, wird mit Zuchthaus bis zu zehn Jahren bestraft.

§. 366.

Wer einer der in §. 365 genannten Personen zu dem daselbst bezeichneten Zwecke Geschenke oder andere Vortheile anbietet, verspricht oder zuwendet, wird mit Zuchthaus bis zu fünf Jahren oder mit Gefängnis bestraft.

§. 367.

In den Fällen der §§. 362 bis 366 ist das Empfangene oder dessen Wert für verfallen zu erklären.

Das Gleiche gilt von dem Angebotenen oder dessen Wert in den Fällen der §§. 363 bis 366.

§. 368.

Ein Beamter oder Schiedsrichter, welcher, um eine Partei zu begünstigen oder zu benachtheiligen, sich einer Beugung des Rechtes schuldig macht, wird mit Zuchthaus bis zu fünf Jahren bestraft.

§. 369.

Wer, mit der Entgegennahme der feierlichen Erklärung der Einwilligung zur Ehe betraut, hiezu in einem Falle schreitet, in welchem die gesetzlichen Voraussetzungen einer staatlich giltigen Eheschließung nicht eintreffen, wird mit Gefängnis bis zu drei Monaten oder an Geld bis zu 500 fl. bestraft.

§. 370.

Ein Religionsdiener oder Beamter, welcher, wissend, daß eine Person verheiratet ist, die feierliche Erklärung ihrer Einwilligung zu einer neuen Ehe entgegennimmt, wird mit Zuchthaus bis zu fünf Jahren oder mit Gefängnis nicht unter sechs Monaten bestraft.

§. 371.

Ein Beamter, welcher durch Mißbrauch seiner Amtsgewalt oder durch Androhung eines bestimmten Mißbrauches derselben jemand zu einer Duldung, Handlung oder Unterlassung, zu welcher dieser nicht verpflichtet ist, nöthigt, wird mit Zuchthaus bis zu fünf Jahren oder mit Gefängnis bestraft.

§. 372.

Ein Beamter, welcher in Ausübung oder in Veranlassung der Ausübung seines Amtes eine Verletzung des Hausrechtes (§. 143) begeht oder veranlasst, wird mit Gefängnis bis zu einem Jahre oder an Geld bis zu 500 fl. bestraft.

§. 373.

Ein Beamter, welcher in Ausübung des Amtes oder Dienstes eine Beschränkung der persönlichen Freiheit gegen die Bestimmungen der Gesetze vornimmt, wird nach Vorschrift des §. 247, jedoch mindestens mit Gefängnis von drei Monaten und im Falle der Fahrlässigkeit mit Staatsgefängnis bis zu sechs Monaten oder an Geld bis zu 500 fl. bestraft

§. 374.

Ein Beamter, welcher bei Ausübung seines Amtes eine Körperverletzung (§§. 230 und 231) begeht oder veranlasst, wird mit Gefängnis nicht unter drei Monaten oder an Geld bis zu 500 fl. bestraft.

§. 375.

Ein Beamter, welcher in einer Untersuchung unerlaubte Zwangsmittel anwendet oder anwenden läßt, um Aussagen oder Geständnisse zu erpressen, wird mit Zuchthaus bis zu fünf Jahren oder mit Gefängnis bestraft.

§. 376.

Ein Beamter, welcher zum Nachtheile einer Person, deren Unschuld ihm bekannt ist, die Eröffnung oder Fortsetzung einer Untersuchung beantragt oder beschließt, wird mit Zuchthaus bis zu zehn Jahren bestraft.

§. 377.

Ein Beamter, welcher eine Strafe vollstrecken läßt, von der er weiß, daß sie überhaupt nicht oder nicht in der Art oder in dem Maße vollstreckt werden darf, wird mit Zuchthaus bis zu fünfzehn Jahren oder mit Gefängnis nicht unter sechs Monaten, wenn es sich aber um eine Geldstrafe handelt, mit Gefängnis bestraft.

§. 378.

Ein Beamter, welcher vermöge seines Amtes bei Ausübung der Strafgewalt oder bei Vollstreckung der Strafe mitzuwirken hat, wird mit Zuchthaus bis zu fünf Jahren oder mit Gefängnis nicht unter einem Monat bestraft, wenn er in der Absicht, jemand der gesetzlichen Strafe rechtswidrig zu entziehen, die Verfolgung einer strafbaren Handlung unterläßt oder sich dabei in einer Weise benimmt, welche geeignet ist, die Einstellung des Strafverfahrens, die Freisprechung oder eine dem Gesetze nicht entsprechende Bestrafung zu bewirken, oder es unterläßt, die Vollstreckung der erkannten Strafe zu bewirken, oder eine gelindere als die erkannte Strafe zur Vollstreckung bringt.

§. 379.

Ein Beamter, welcher einen Gefangenen, dessen Beaufsichtigung, Begleitung oder Bewachung ihm obliegt oder anvertraut ist, entweichen läßt, oder dessen Befreiung rechtswidrig bewirkt oder befördert, wird mit Zuchthaus bis zu fünf Jahren oder mit Gefängnis nicht unter einem Monat bestraft.

Ist die Entweichung durch Fahrlässigkeit befördert oder erleichtert worden, so tritt Gefängnis bis zu sechs Monaten oder Geldstrafe bis zu 500 fl. ein.

§. 380.

Ein zur Aufnahme öffentlicher Urkunden befugter Beamter, welcher eine rechtlich erhebliche Thatsache falsch beurkundet oder in öffentliche Register oder Bücher falsch einträgt, oder eine ihm ob-

liegende solche Beurkundung oder Eintragung in rechtswidriger Absicht unterläßt, wird mit Gefängnis nicht
unter drei Monaten bestraft.

Dieselbe Strafe trifft einen Beamten, welcher
ihm amtlich anvertraute oder zugängliche Urkunden,
öffentliche Bücher, Register oder andere amtlich auf-
zubewahrende Gegenstände vernichtet, bei Seite schafft,
beschädigt, fälscht oder verfälscht.

§. 381.

Wird eine der im §. 380 bezeichneten Handlungen in der Absicht begangen, sich oder Anderen
einen rechtswidrigen Vermögensvortheil zu verschaffen,
oder einem Anderen Schaden zuzufügen, so kann auf
Zuchthaus bis zu zehn Jahren erkannt werden und
ist zugleich auf Geldstrafe bis zu 1500 fl. zu erkennen.

§. 382.

Ein Beamter, welcher Gelder oder andere
Sachen, die er in amtlicher Eigenschaft empfangen
oder in Gewahrsam hat, unterschlägt, wird mit Gefängnis nicht unter drei Monaten und wenn der Wert
mehr als 1000 fl. beträgt, mit Zuchthaus bis zu zehn
Jahren oder Gefängnis nicht unter sechs Monaten
bestraft.

Die Leistung des Schadenersatzes begründet
nur dann Straflosigkeit, wenn die Bedingungen des
§. 65 eintreffen und der Ersatz gewährt worden ist,
bevor der Abgang amtlich entdeckt wurde.

§. 383.

Hat der Beamte in Beziehung auf die Unterschlagung die zur Eintragung oder Controle der Ein-
nahmen oder Ausgaben bestimmten Rechnungen, Register oder Bücher unrichtig geführt, verfälscht oder
unterdrückt, oder unrichtige Abschlüsse oder Auszüge
aus diesen Rechnungen, Registern oder Büchern, oder
unrichtige Belege zu denselben vorgelegt, oder hat
derselbe in Beziehung auf die Unterschlagung auf
Fässern, Beuteln oder Packeten den Inhalt falsch an-
gegeben oder die Inhaltsangabe verfälscht, so ist
auf Zuchthaus bis zu zehn Jahren oder Gefängnis
nicht unter sechs Monaten zu erkennen.

§. 384.

Ein Beamter, welcher Gebüren oder andere
Vergütungen für amtliche Verrichtungen zu seinem
Vortheile zu erheben hat, wird, wenn er Gebüren
oder Vergütungen erhebt, von denen er weiß, daß
der Zahlende sie überhaupt nicht ode. nur in geringerem Betrage schuldet, mit Gefängnis bis zu einem
Jahre oder an Geld bis zu 500 fl. bestraft.

Übersteigt der rechtswidrig erhobene Betrag
1000 fl., so ist auf Gefängnis nicht unter drei Monaten zu erkennen.

§. 385.

Ein Beamter, welcher Steuern, Gebüren oder andere Abgaben für eine öffentliche Kasse zu erheben hat, wird, wenn er Abgaben, von denen er weiß, daß der Zahlende sie überhaupt nicht oder nur in geringerem Betrage schuldet, erhebt und das rechtswidrig Erhobene ganz oder zum Theil nicht zur Kasse bringt, mit Gefängnis nicht unter drei Monaten bestraft.

Gleiche Strafe trifft den Beamten, welcher bei amtlichen Ausgaben an Geld oder Naturalien dem Empfänger rechtswidrige Abzüge macht und die Ausgaben als vollständig geleistet in Rechnung stellt.

Übersteigen die rechtswidrig erhobenen oder abgezogenen Beträge 1000 fl., so kann auf Zuchthaus bis zu zehn Jahren erkannt werden.

§. 386.

Ein Postbeamter, welcher die der Post anvertrauten Briefe oder Sendungen in anderen, als den im Gesetze vorgesehenen Fällen eröffnet oder unterbrückt, oder einem Anderen eine solche Handlung gestattet, oder ihm dabei Hilfe leistet, wird mit Gefängnis nicht unter drei Monaten bestraft.

§. 387.

Telegraphen- oder Telephonbeamte und andere mit der Beaufsichtigung und Bedienung einer zu öffentlichen Zwecken dienenden Telegraphen- oder Telephonanstalt betraute Personen, welche die einer Telegraphen- oder Telephonanstalt anvertrauten Depeschen verfälschen oder in anderen, als in den im Gesetze vorgesehenen Fällen eröffnen oder unterbrücken, oder von ihrem Inhalte hiezu nicht berufene Personen in gewinnsüchtiger Absicht benachrichtigen, oder einem Anderen eine solche Handlung gestatten, oder ihm dabei Hilfe leisten, werden mit Gefängnis nicht unter drei Monaten bestraft.

§. 388.

Ein Beamter, welcher verschlossene Briefe oder andere verschlossene Schriften oder Sendungen gegen die Bestimmungen des Gesetzes mit Beschlag belegt oder eröffnet, wird mit Gefängnis bis zu sechs Monaten oder an Geld bis zu 500 fl. bestraft.

§. 389.

Ein Advocat oder ein anderer Rechtsbeistand welcher bei den ihm in dieser Eigenschaft anvertraute Angelegenheiten in derselben Rechtssache zum Nachtheil seiner Partei der anderen Partei durch Rath oder Beistand dient, wird mit Gefängnis nicht unter drei Monaten bestraft.

Hat derselbe sich, um seiner Partei zu schaden, mit der Gegenpartei einverstanden, so tritt Zuchthausstrafe bis zu fünf Jahren ein.

§. 390.

Ein Amtsvorgesetzter, welcher seine Untergebenen zu einer strafbaren Handlung im Amte verleitet, oder eine solche strafbare Handlung seiner Untergebenen geschehen läßt, hat die auf diese strafbare Handlung angedrohte Strafe verwirkt.

Dieselbe Bestimmung findet auf einen Beamten Anwendung, welchem eine Aufsicht oder Controle über die Amtsgeschäfte eines anderen Beamten übertragen ist, sofern die von diesem letzteren Beamten begangene strafbare Handlung die zur Aufsicht oder Controle gehörenden Geschäfte betrifft.

§. 391.

Mit Staatsgefängnis bis zu drei Monaten oder an Geld bis zu 500 fl. wird ein Beamter bestraft, welcher mit Verletzung eines Dienstgeheimnisses

1. Thatsachen, die ihm nur durch sein Dienstverhältnis bekannt geworden sind, einem Anderen mittheilt oder veröffentlicht;

2. von Acten oder Urkunden, die ihm vermöge seines Dienstverhältnisses anvertraut oder zugänglich sind, Andere Einsicht oder Abschrift nehmen läßt.

Dieselbe Strafe tritt ein, wenn die Handlung nach Auflösung des Dienstverhältnisses begangen wird.

§. 392.

Auch außer den angeführten Fällen ist der Beamte, welcher seiner Amts- oder Dienstpflicht zuwiderhandelt, um dadurch jemandem einen Schaden zuzufügen, oder sich oder einem Anderen einen Vortheil zu verschaffen, mit Gefängnis oder an Geld bis zu 500 fl. zu bestrafen.

§. 393.

Neben einer nach Vorschrift der §§. 382 bis 385 und 389 erkannten Freiheitsstrafe kann auch Geldstrafe bis zu 1000 fl. verhängt werden.

§. 394.

Unter Beamten sind in Beziehung auf Verbrechen und Vergehen im Amte alle im Dienste des Staates, eines Landes, einer Gemeinde, eines öffentlichen Fondes oder sonst im inländischen öffentlichen Dienste angestellten Personen mit Einschluß der öffentlichen Diener zu verstehen, sie mögen bleibend oder nur zeitig oder vorläufig angestellt sein und einen Diensteid abgelegt haben oder nicht, ferner die Notare, die Gemeindevorsteher und deren Stellvertreter, insoweit allen diesen Personen die Verrichtung öffentlicher Geschäfte obliegt.

§. 395.

Den Beamten im Sinne dieses Hauptstückes sind Personen, welche durch Wahl Bestellung oder auf Grund gesetzlicher Bestimmungen zu einer öffentlichen Function berufen sind, ohne Beamte (§. 394) zu sein, nach Maßgabe der ihnen zukommenden Amtshandlungen gleichzuachten. Dies gilt insbesondere von den Seelsorgern der gesetzlich anerkannten Kirchen und Religionsgesellschaften, ferner, soweit es sich um die Ausstellung staatsgiltiger Zeugnisse handelt, von den Leitern und Lehrern der mit dem Öffentlichkeitsrechte versehenen Privatschulen.

Dritter Theil.

Übertretungen.

I. Hauptstück.

Übertretungen wider die Sicherheit des Staates und wider die öffentliche Ruhe und Ordnung.

§. 396.

Wer ohne Bewilligung der Behörde Risse oder Pläne von Festungen, Festungswerken oder zum Zwecke der Vertheidigung errichteten militärischen Lagern aufnimmt oder veröffentlicht, oder in amtlicher Verwahrung befindliche Risse oder Pläne dieser Art sich oder Anderen verschafft oder zu verschaffen sucht und wer wissentlich zu solchen Handlungen Beihilfe leistet, ist mit Haft oder an Geld bis zu 300 fl. zu bestrafen.

Die aufgenommenen Risse oder Pläne sind für verfallen zu erklären.

§. 397.

Mit Haft oder an Geld bis zu 300 fl. ist zu bestrafen:

1. Wer durch Verordnung verbotene Waffen oder Munitionsgegenstände ohne Bewilligung der Behörde erzeugt, besitzt, in Verkehr bringt oder trägt:

2. wer Waffen oder Munitionsgegenstände in Länder sendet, in welche sie zu senden durch Verordnung des Gesammtministeriums verboten ist;

3. wer die in seinem Besitze befindlichen Waffen und Munitionsgegenstände, wenn deren Ablieferung an die Behörde wegen Gefahr für die öffentliche Sicherheit durch Verordnung des Gesammtministeriums anbefohlen ist, abzuliefern unterläßt.

Die in §. 1 und 2 bezeichneten **Waffen und Munitionsgegenstände** können für verfallen erklärt werden.

Die in §. 3 bezeichneten Gegenstände sind in behördliche Verwahrung zu nehmen und sobald die öffentliche Sicherheit nicht mehr gefährdet erscheint, von der Behörde wieder zurückzustellen.

§. 398.

Wer gegen das Verbot einer Verordnung ohne behördliche Erlaubniß **Waffen** trägt, ist mit Haft bis zu einer Woche oder an Geld bis zu 40 fl. zu bestrafen.

§. 399.

Personen, welche wegen gewaltsamen Angriffes auf Andere oder auf fremdes Eigenthum, oder wiederholt wegen unbefugten Jagens (§§. 310 und 311) oder Waffentragens in Gemäßheit dieses Gesetzes bestraft worden sind, kann von der Behörde der Besitz und das Tragen von Waffen überhaupt oder von bestimmten Waffengattungen untersagt werden, und sie sind, wenn sie einem solchen Verbote zuwiderhandeln, mit Haft bis zu drei Wochen oder an Geld bis zu 200 fl. zu bestrafen.

Auch kann auf Verfall der Waffen erkannt werden.

§. 400.

Gewerbsleute, welche außer den im §. 397 erwähnten Fällen den in Bezug auf die Erzeugung, den Verkauf oder die Versendung von Waffen oder Munitionsgegenständen erlassenen Verordnungen zuwiderhandeln, sind an Geld bis zu 300 fl. zu bestrafen.

§. 401.

Wer im Falle einer Ruhestörung dem von der Obrigkeit erlassenen Befehle, sein Haus oder seine Geschäftsräumlichkeiten zu verschließen oder zuhause oder auf der Werkstätte zu bleiben, ohne erhebliche Ursache nicht Folge leistet, oder, soweit er einer Haushaltung, Fabriks- oder anderen gewerblichen Unternehmung vorsteht, der Aufforderung, seine Hausgenossen und Arbeiter zurückzuhalten, nicht nach Möglichkeit entspricht, ist mit Haft bis zu einer Woche oder an Geld bis zu 40 fl. zu bestrafen.

§. 402.

Wer öffentlich (§. 90, §. 2) eine Kundgebung macht, welche Feindseligkeit gegen den Staat, die Verfassung oder die Regierung ausdrücken soll, und welche vorher ausdrücklich verboten worden ist, wird mit Haft oder an Geld bis zu 300 fl. bestraft.

Dieselbe Strafe trifft denjenigen, der ausdrücklich verbotene Abzeichen, wie: Fahnen, Bänder, Cocarden und dergleichen aussteckt, feilhält oder verbreitet.

Die Abzeichen sind für verfallen zu erklären.

§. 403.

Mit Haft oder an Geld bis zu 300 fl. wird bestraft, wer öffentlich (§. 90, 3. 2)

1. dazu auffordert, jemand aus Anlaß seiner Verurtheilung oder einer gegen ihn anhängigen Untersuchung wegen einer strafbaren Handlung Huldigungen oder Feierlichkeiten zu bereiten;

2. für einen wegen einer strafbaren Handlung Verurtheilten oder Beschuldigten auf eine Weise, wodurch Mißachtung oder Tadel gegen strafrichterliche Verfügungen an den Tag gelegt wird, Sammlungen veranstaltet oder fördert;

3. Sammlungen zu dem Zwecke veranstaltet oder fördert, um dem wegen einer strafbaren Handlung Verurtheilten Deckung oder Ersatz für Cautionsverfall, Geldstrafen, Geldbußen oder Entschädigungsleistungen zu gewähren.

Die auf solche Weise gesammelten Geldbeträge und Gegenstände sind für verfallen zu erklären.

Wer an einer der unter 3. 1 bezeichneten Huldigungen oder Feierlichkeiten öffentlich theilnimmt, ist mit Haft bis zu drei Wochen oder an Geld bis zu 100 fl. zu bestrafen.

§. 404.

Mit Haft bis zu einer Woche oder an Geld bis zu 40 fl. wird bestraft:

1. wer durch Hilferuf, durch Mißbrauch der Glocken oder Nothsignale u. d. gl. unter den Bewohnern eines Ortes wissentlich grundlose Besorgnisse vor Gefahren oder Unglücksfällen verbreitet oder zu verbreiten sucht, oder auf diese Weise an öffentlichen Orten einen Zusammenlauf einer größeren Menschenmenge oder eine Bewegung der bewaffneten Macht oder eines Wachkörpers verursacht oder zu verursachen sucht;

2. wer ungebürlich ruhestörenden Lärm erregt oder groben Unfug an öffentlichen Orten verübt.

§. 405.

Wer öffentlich (§. 90, 3. 2) ein falsches Gerücht, welches geeignet ist, in der Bevölkerung eine für die öffentliche Sicherheit gefährliche Unruhe zu erregen, ohne zureichenden Grund, es für wahr zu halten, verbreitet, wird mit Haft bis zu sechs Wochen oder an Geld bis zu 200 fl. bestraft.

§. 406.

Wer die ihm aus Anlaß des Ausschlusses der Öffentlichkeit der gerichtlichen Hauptverhandlung nach Maßgabe des geltenden Gesetzes auferlegte Pflicht der Geheimhaltung durch unbefugte Mittheilungen verletzt, wird mit Haft bis zu sechs Wochen oder an Geld bis zu 200 fl. bestraft.

§. 407.

Wirte und andere Inhaber öffentlicher Gasträumlichkeiten, welche in denselben über die polizeilich festgesetzte Sperrstunde noch Gäste dulden, der Aufforderung der Sicherheitsorgane, ihre Gasträumlichkeiten zu schließen, nicht gehorchen, oder den Sicherheitsorganen den Einlaß zur Nachschau verweigern oder erschweren oder Gäste verheimlichen; ingleichen Gäste, welche nach der Sperrstunde auf Mahnung des Geschäftsinhabers, seines Stellvertreters oder der Sicherheitsorgane sich nicht entfernen, sind an Geld bis zu 40 fl. zu bestrafen.

§. 408.

Wer ohne behördliche Erlaubnis, soweit die Einholung derselben durch Verordnung vorgeschrieben ist, oder mit Überschreitung der erhaltenen Erlaubnis öffentliche Lustbarkeiten, wie: Bälle, Musikproductionen, Maskeraden, Scheibenschießen u. d. gl. veranstaltet, oder öffentliche Schaustellungen von Menagerien, Kunst- oder Naturmerkwürdigkeiten, Panoramen, Feuerwerken u. d. gl. veranlaßt, oder wer öffentliche Lustbarkeiten oder Schaustellungen dieser Art zu einer Zeit, in der es durch Verordnung verboten ist, veranstaltet, ist an Geld bis zu 100 fl. zu bestrafen.

§. 409.

Derselben Strafe unterliegt:

1. Wer ohne polizeiliche Erlaubnis oder mit Überschreitung derselben auf öffentlichen Straßen oder Plätzen eine die Ruhe störende Nachtmusik oder einen Fackelzug veranstaltet oder an deren Ausführung theilnimmt;

2. wer ohne vorherige Anzeige bei der Sicherheitsbehörde oder gegen das Verbot der letzteren die festliche Beleuchtung einer Ortschaft veranstaltet oder wissentlich an einer verbotenen Beleuchtung sich betheiligt;

3. wer gegen ein erlassenes Verbot auf öffentlichen Straßen oder Plätzen maskirt erscheint oder bei erlaubten Maskeraden der behördlich festgesetzten Ordnung zuwiderhandelt.

§. 410.

Wer durch Anordnung verbotene Aufzüge, Volksfeste oder Belustigungen veranstaltet oder daran theilnimmt, wird mit Haft bis zu sechs Wochen oder an Geld bis zu 200 fl. bestraft.

§. 411.

Wer den besonders bekanntgemachten Anordnungen zur Aufrechthaltung der öffentlichen Ruhe, Ordnung und Sicherheit bei Volksfesten, religiösen Feierlichkeiten, Truppenbewegungen und sonstigen außergewöhnlichen Ansammlungen einer größeren Menschenmenge zuwiderhandelt, ist mit Haft bis zu einer Woche oder an Geld bis zu 40 fl. zu bestrafen.

§. 412.

Wer den aus Anlaß des Wechsels in der Miete von Wohnungen und anderen Räumlichkeiten erlassenen ortspolizeilichen Aufträgen zuwiderhandelt, ist an Geld bis zu 100 fl. zu bestrafen.

§. 413.

An Geld bis zu 10 fl. wird bestraft, wer

1. gegen polizeiliches Verbot Ankündigungen auf öffentlichen Straßen oder Plätzen ausruft, anschlägt oder sonst anbringt;

2. ohne Erlaubnis des Eigenthümers an fremdem Eigenthume Privatankündigungen anbringt;

3. fremde, ihrem Zwecke noch dienende Privatanschläge unbefugt wegnimmt, vernichtet oder unlesbar macht.

In den Fällen der Z. 2 und 3 erfolgt die Bestrafung nur auf Grund einer Privatanklage.

Durch die unter Z. 1 enthaltene Anordnung werden die Bestimmungen des Preßgesetzes nicht berührt.

§. 414.

Wer vorsätzlich öffentliche Denkmale, Statuen, öffentlich ausgestellte Gemälde oder andere Kunstgegenstände, Friedhöfe, öffentliche Spaziergänge oder Anlagen, Wegweiser, Ortschaftstafeln oder andere öffentliche Anschläge, zum öffentlichen Gebrauch bestimmte Tische, Sitzbänke oder andere solche Gegenstände verunreinigt, ist mit Haft bis zu einer Woche oder an Geld bis 40 fl. zu bestrafen.

§. 415.

Wer öffentliche Inschriften oder öffentlich ausgestellte Gegenstände welche den Anstand oder die Schicklichkeit verletzen, nach ergangener polizeilicher Aufforderung nicht beseitigt, ist an Geld bis zu 10 fl. zu bestrafen.

Wird diese Übertretung nach erfolgter Verurtheilung mit demselben oder einem gleichartigen Gegenstande wieder verübt, so ist bei der neuerlichen Verurtheilung auch auf den Verfall des Gegenstandes zu erkennen.

§. 416.

Wer Zeugnisse über Unglücksfälle oder Armuth ausstellt, welche nach ihrem Inhalte bestimmt sind,

8

zum Betteln im Herumziehen von Ort zu Ort oder von Haus zu Haus gebraucht zu werden, ist an Geld bis zu 100 fl. zu bestrafen.

§. 417.

Wer gegen das Verbot einer Verordnung entweder einen Aufruf zu Gaben oder Geldbeiträgen veröffentlicht oder die infolge solchen Aufrufs eingehenden Beträge übernimmt, ist an Geld bis zu 100 fl. zu bestrafen. Wurde die Sammlung theilweise oder ausschließlich zum eigenen Vortheile unternommen, so kann auf Haft bis zu vierzehn Tagen erkannt werden.

Die gesammelten Beiträge können für verfallen erklärt werden.

§. 418.

Wer wider ein polizeiliches Verbot die zu Neujahr, Ostern oder bei anderen Anlässen herkömmlichen Geschenke einsammelt, ist mit Haft bis zu einer Woche oder an Geld bis zu 40 fl. zu bestrafen.

§. 419.

Wer sich von der öffentlichen Armenpflege oder von öffentlichen Wohlthätigkeitsanstalten durch falsche Angaben eine Unterstützung erschleicht, ist mit Haft bis zu vier Wochen zu bestrafen.

§. 420.

Wer gegen Entgelt sich mit sogenannten Zaubereien oder Geisterbeschwörungen, mit Wahrsagen, Kartenaufschlagen, Schatzgraben, Zeichen- und Traumdeuten oder anderen dergleichen Gaukeleien abgibt, ist mit Haft zu bestrafen.

Überdies sind die zur Verübung solcher Übertretungen bestimmten besonderen Werkzeuge, Auzüge, Gerätschaften und Schriften für verfallen zu erklären.

II. Hauptstück.

Übertretungen wider staatliche Einrichtungen.

§. 421.

Wer sich fälschlich für eine im öffentlichen Dienste stehende Person oder für ein Mitglied des kaiserlichen Heeres, der Marine oder der Landwehr ausgibt, oder sich den Anschein einer solchen Person durch Tragen einer Amtskleidung oder militärischen Uniform oder eines solchen Dienstesabzeichens zu geben sucht, wird mit Haft bis zu drei Wochen oder an Geld bis zu 100 fl. bestraft.

Die gebrauchten Amtskleider, Uniformen und Dienstesabzeichen können für verfallen erklärt werden.

§. 422.

Wer die einer öffentlichen Behörde gebürende Achtung durch eine beleidigende Schreibart in Eingaben verletzt, ist an Geld bis zu 100 fl. zu bestrafen.

§. 423.

Wer ohne Erlaubnis des Aufsichtspersonales mit Verhafteten in Verkehr tritt oder denselben etwas zubringt, ist mit Haft bis zu einer Woche oder an Geld bis zu 40 fl. zu bestrafen.

§. 424.

Wer durch rechtskräftiges Erkenntnis aus einem Orte, Bezirke, Lande oder aus dem ganzen Geltungsgebiete dieses Gesetzes verwiesen worden ist und während der Zeit, für welche die Verweisung gilt, ohne behördliche Erlaubnis dahin zurückkehrt, ist mit Haft zu bestrafen.

War der Schuldige auf bestimmte Zeit verwiesen, so ist in diese die Zeit des unbefugten Aufenthaltes, sowie die Zeit seiner Untersuchungs- und Strafhaft nicht einzurechnen, und es ist in dem wegen verbotener Rückkehr zu fällenden Straferkenntnisse auszusprechen, bis zu welchem Zeitpunkte die frühere Verweisung noch fortzudauern habe.

§. 425.

Mit Haft oder an Geld bis zu 300 fl. wird bestraft:

1. wer als Sachverständiger, Zeuge oder Auskunftsperson vor einer öffentlichen Behörde wissentlich falsche Angaben macht;

2. wer bei Erklärungen, welche zum Beweise von Rechten und Rechtsverhältnissen von Erheblichkeit sind und bei Errichtung von öffentlichen Urkunden abgegeben werden, insbesondere wer in Fällen, in welchen es sich um die Vornahme eines Civilstandactes oder um eine Eintragung in öffentliche Bücher handelt, als Zeuge einen Umstand bestätigt, der ihm nicht bekannt ist.

Dasselbe gilt von Geschwornen, Zeugen und solchen Sachverständigen, welche zum Erscheinen gesetzlich verpflichtet sind, wenn sie der Berufung keine Folge leisten und eine unwahre Thatsache als Entschuldigung ihres Ausbleibens vorschützen. Die auf die unterlassene Folgeleistung gesetzten Ordnungsstrafen werden durch vorstehende Bestimmungen nicht ausgeschlossen.

§. 426.

Wer Geldzeichen oder Creditpapiere, welche im In- oder Auslande zu hoch- oder staatsverrätherischen

8*

Zwecken angefertigt wurden, und bezüglich welcher die Regierung dies amtlich bekannt gemacht hat, an sich bringt, in Verkehr setzt oder an die zur Entgegennahme derselben bestimmte Behörde zu übergeben unterläßt, ist mit Haft oder an Geld bis zu 300 fl. zu bestrafen.

Die Geldzeichen und Creditpapiere sind für verfallen zu erklären.

§. 427.

Mit Haft oder an Geld bis zu 300 fl. wird bestraft, wer ohne die in den §§. 152 und 293, Z. 2, bezeichnete Absicht

1. im Verkehre gangbares Metall- oder Papiergeld oder dem letzteren gleich geachtete Wertpapiere (§. 155) des In- oder Auslandes in einer zur Ausgabe für den Verkehr geeigneten Weise nachmacht;

2. echtem Gelde durch Veränderung an demselben den Schein eines höheren Wertes, oder einem außer Verkehr gesetzten Gelde durch Veränderung an demselben das Ansehen eines noch geltenden gibt;

3. echten, dem Papiergelde gleichgeachteten Wertpapieren durch Veränderung an denselben den Schein eines höheren Wertes, oder einem ungiltigen oder erloschenen Papier dieser Art den Schein der Giltigkeit gibt;

4. inländisches Stempelpapier oder inländische Stempelmarken, Stempel-Blanquette oder Abdrücke, Post- oder Telegraphen-Freimarken oder gestempelte Brief-Couverts oder Correspondenzkarten, andere mit dem Freimarkenstempel versehene post- oder telegraphenamtliche Wertzeichen, oder andere denselben gleichgestellte Bescheinigungen (§. 293) nachmacht, echten Gegenständen dieser Art durch Veränderung an denselben den Anschein eines höheren Wertes, oder außer Verkehr gesetzten solchen Gegenständen den Anschein von noch geltenden gibt.

Die Gegenstände dieser Übertretung sind für verfallen zu erklären.

§. 428.

Wer von gangbaren Metallgeldmünzen des In- oder Auslandes ohne die im §. 152 bezeichnete Absicht Metallabdrücke verfertigt, wird an Geld bis zu 100 fl. bestraft.

Die Abdrücke sind für verfallen zu erklären.

§. 429.

Wer Denkmünzen, Medaillen, Spielmarken oder andere geprägte Erzeugnisse, oder Adressen, Ankündigungen, Warenetiquetten oder andere Drucksachen oder Abbildungen in solcher Art verfertigt, daß sie bei oberflächlicher Betrachtung leicht als

Gegenstände der im §. 427, Z. 1 und 4 bezeichneten Art angesehen werden können, oder wer so verfertigte Gegenstände in Verkehr setzt, feilhält oder verbreitet, ist an Geld bis zu 300 fl. zu bestrafen.

Die Gegenstände dieser Übertretungen sind für verfallen zu erklären.

§. 430.

Mit Haft oder an Geld bis zu 300 fl. wird bestraft wer

1. eine zur Bezeichnung des Feingehaltes von Gold- und Silberwaren dienende amtliche Bezeichnung (Punze) nachmacht oder verfälscht;

2. die zum Abdrucke einer solchen Bezeichnung dienenden Stempel oder Siegel ohne behördliche Bewilligung besitzt, oder ohne Auftrag der Behörde anfertigt;

3. die im Auftrage der Behörde angefertigten Stempel und Siegel solcher Art an einen anderen als die Behörde verabfolgt oder gegen Verschleppung und Misbrauch nicht gehörig verwahrt.

Die in Z. 1 erwähnte Bezeichnung ist zu beseitigen.

Die in Z. 2 bezeichneten Gegenstände sind für verfallen zu erklären.

§. 431.

Wer ein Amtssiegel ohne Auftrag der Behörde anfertigt, oder ein infolge behördlichen Auftrages verfertigtes Siegel an einen Anderen als die Behörde verabfolgt oder gegen Verschleppung und Misbrauch nicht gehörig verwahrt, oder unbefugt ein Amtssiegel gebraucht, ist mit Haft bis zu drei Wochen oder an Geld bis zu 100 fl. zu bestrafen.

Die ohne Auftrag der Behörde verfertigten Amtssiegel sind für verfallen zu erklären.

§. 432.

Mit Haft oder an Geld bis zu 300 fl. wird bestraft:

1. Wer zur Verfertigung von Metall- oder Papiergeld, oder von Wertpapieren, welche dem letzteren gleichgeachtet werden, oder zur Verfertigung der im §. 427, Z. 4, bezeichneten Gegenstände geeignete Stempel, Siegel, Platten, Formen oder Stiche ohne Auftrag der Behörde oder des sonst hiezu Berechtigten anfertigt, oder ohne behördliche Bewilligung besitzt;

2. wer solche Stempel, Siegel, Platten, Formen oder Stiche, welche im Auftrage der Behörde oder eines hiezu Berechtigten angefertigt wurden, an jemand Anderen ausfolgt, oder nicht auf die erforderliche oder insbesondere vorgeschriebene Weise gegen Misbrauch von Seite Anderer verwahrt;

3. wer ohne Auftrag der Behörde oder des hiezu Berechtigten den Abdruck solcher Stempel, Siegel

Platten, Formen oder Stiche unternimmt, oder Abdrücke an jemand Anderen verabfolgt.

Die in §. 1 und 3 bezeichneten Gegenstände dieser Übertretungen. sind für verfallen zu erklären.

§. 433.

Wer zur Erzeugung von Druckwerken geeignete Pressen und Maschinen, soweit deren Verfertigung, Besitz oder Gebrauch von behördlicher Genehmigung abhängig erklärt ist, ohne diese Genehmigung verfertigt, besitzt oder gebraucht, ist an Geld bis zu 300 fl. zu bestrafen.

Wird diese Übertretung nach erfolgter Verurtheilung mit demselben oder einem gleichartigen Gegenstand verübt, so können bei der neuerlichen Verurtheilung die Pressen und Maschinen für verfallen erklärt werden.

§. 434.

An Geld bis zu 70 fl. wird bestraft:

1. wer die ihm vermöge einer Verordnung obliegende Anzeige von Geburts- oder Todesfällen innerhalb der vorgeschriebenen Frist zu machen unterläßt;

2. wer ein neugeborenes Kind findet und hievon nicht sogleich der nächsten Obrigkeit Anzeige macht;

3. wer Kinder unter sieben Jahren, deren Eltern oder gesetzliche Vertreter ihm nicht persönlich bekannt sind, in Pflege oder Erziehung nimmt und es unterläßt, binnen drei Tagen bei der Obrigkeit Anzeige zu machen;

4. wer verirrte Kinder, geisteskranke oder sonst hülflose Personen bei sich aufnimmt und behält und es ohne genügenden Entschuldigungsgrund unterläßt, binnen drei Tagen hievon der Obrigkeit Anzeige zu machen, oder den betheiligten Angehörigen Nachricht zu geben.

§. 435.

Wer eine Ehe eingeht, deren Eingehung ein von Amtswegen zu untersuchendes Ehehinderniß im Wege steht, ist mit Haft oder an Geld bis zu 300 fl. zu bestrafen.

§. 436.

An Geld bis zu 100 fl. wird bestraft:

1. wer noch keinen bestimmten Geschlechtsnamen hat, und sich ungeachtet behördlicher Aufforderung weigert, einen solchen anzunehmen;

2. wer seinen oder seiner Kinder, Pflegekinder oder Mündel Geschlechtsnamen ändert.

§. 437.

An Geld bis 300 fl. wird bestraft:

1. wer sich Titel, Standes- oder Ehrenvorzüge, die ihm nicht zukommen, beilegt;

2. wer Orden oder Ehrenzeichen, die ihm nicht gebüren, öffentlich trägt oder sich beimißt;

3. ein Inländer, welcher ohne landesherrliche Genehmigung ausländische Orden oder Ehrenzeichen öffentlich trägt oder sich beimißt oder wider das Verbot einer Verordnung ausländischer Titel oder Dienstzeichen sich bedient.

§. 438.

Derselben Strafe unterliegt, wer ohne Bewilligung den Namen des Kaisers, der Kaiserin oder anderer Mitglieder des kaiserlichen Hauses einer Unternehmung beilegt, oder sich unbefugt des kaiserlichen Adlers bedient.

§. 439.

Wer ohne behördliche Bewilligung Auswanderungsgeschäfte betreibt oder vermittelt, oder bei dem, wenn auch gestatteten Betriebe solcher Geschäfte den hiefür bestehenden Verordnungen zuwiderhandelt, ist mit Haft oder an Geld bis zu 300 fl. zu bestrafen.

§. 440.

Derselben Strafe unterliegt:

1. wer, um Behörden oder Privatpersonen zum Zwecke seines besseren Fortkommens zu täuschen, Pässe, Militärabschiede, Paßkarten, Arbeits- und Dienstbotenbücher oder andere Legitimationspapiere oder Befähigungs- oder Führungszeugnisse falsch anfertigt oder verfälscht, oder wissentlich von einer solchen falschen oder verfälschten Urkunde Gebrauch macht;

2. wer zu demselben Zwecke sich einer solchen, für einen Anderen ausgestellten echten Urkunde bedient, oder die für ihn ausgestellte Urkunde einem Anderen überläßt.

An Geld bis zu 100 fl. wird bestraft, wer als Arbeitgeber oder Dienstherr in einem Arbeits- oder Dienstbuche wissentlich etwas Unwahres einträgt oder eintragen läßt, um einem Anderen die unter Z. 1 bezeichnete Täuschung möglich zu machen.

§. 441.

An Geld bis zu 70 fl. wird bestraft:

1. wer außer den im §. 440 bezeichneten Fällen den bezüglich des Gebrauches von Reiseurkunden erlassenen Anordnungen zuwiderhandelt;

2. wer die von der Behörde durch Zwangspaß ihm vorgeschriebene Reiserichtung oder Reisezeit ohne genügende Entschuldigung nicht einhält oder vom Schube entweicht;

3. wer den Anordnungen hinsichtlich der bei der Behörde zu machenden Anzeigen von Wohnungsvermietungen oder von Aufnahme, Beherbergung und Entlassung von Fremden, Gewerbsgehilfen oder Dienstboten zuwiderhandelt;

4. ein Reisender, welcher der Sicherheitsbehörde oder ihren Organen über seinen Namen oder über seine sonstigen persönlichen Verhältnisse wissentlich

falsche Angaben macht, oder in die zu führenden Fremdenbücher wissentlich falsche Angaben einträgt oder eintragen läßt.

In den Fällen der Z. 2 und 4 kann auf Haft bis zu vierzehn Tagen erkannt werden.

§. 442.

Wer bei Unglücksfällen oder gemeiner Gefahr oder Noth der obrigkeitlichen Aufforderung zur Dienst- oder Hilfeleistung ohne genügende Entschuldigung keine Folge leistet, oder Andere von solcher Hilfe- und Dienstleistung abhält oder vorsätzlich darin stört, ist mit Haft bis zu drei Wochen oder an Geld bis zu 100 fl. zu bestrafen.

III. Hauptstück.

Übertretungen in Bezug auf Religion.

§. 443.

Wer in Kirchen oder an anderen zu erlaubten religiösen Versammlungen bestimmten Orten oder bei einzelnen gottesdienstlichen Verrichtungen oder öffentlichen Andachtsübungen den Anstand in ärgernißerregender Weise verletzt, ist mit Haft bis zu vierzehn Tagen oder an Geld bis zu 70 fl. zu bestrafen.

§. 444.

Wer den Verordnungen über Beobachtung der Sonntagsruhe und gegen Störungen der religiösen Feier an Sonn- und Festtagen, sowie der herkömmlichen feierlichen Processionen auf den Plätzen und in den Straßen zuwiderhandelt, ist mit Haft bis zu vierzehn Tagen oder an Geld bis zu 70 fl. zu bestrafen.

§. 445.

Die Mitglieder einer nicht gesetzlich anerkannten Religionsgesellschaft, welche die Grenze der erlaubten häuslichen Religionsübung überschreiten, dann Diejenigen, welche sich an einer in Gemäßheit des Artikels 16 des Staatsgrundgesetzes vom 21. December 1867, R. G. Bl. Nr. 142, als rechtswidrig oder sittenverletzend untersagten Religionsübung betheiligen, sind mit Haft bis zu drei Wochen oder an Geld bis zu 100 fl. zu bestrafen.

§. 446.

Wer Kinder in einem Alter, in welchem sie nicht nach eigener freier Wahl die Religion wechseln können, ohne Zustimmung ihrer gesetzlichen Vertreter durch einen rituellen Act in eine andere Religionsgesellschaft aufnimmt, ist mit Haft oder an Geld bis zu 300 fl. zu bestrafen.

Derselben Strafe unterliegt, wer einen Anderen durch Zwang oder List zum Übertritte in eine andere Religionsgesellschaft bestimmt oder zu bestimmen sucht.

IV. Hauptstück.

Übertretungen in Bezug auf die öffentliche Sittlichkeit.

§. 447.

Hausgenossen und Dienstboten, welche minderjährige, im gemeinschaftlichen Haushalte lebende Personen zur Unzucht verleiten, sind mit Haft zu bestrafen.

Die Verfolgung findet nur auf Antrag statt; zu demselben ist auch das Familienhaupt berechtigt.

§. 448.

Wer den bezüglich der Errichtung oder des Betriebes einer Heil-, Entbindungs- oder Badeanstalt oder der entgeltlichen Beherbergung von Personen im Interesse der Sittlichkeit erlassenen Anordnungen zuwiderhandelt, ist an Geld bis zu 200 fl. zu bestrafen.

§. 449.

Wer öffentlich in ärgerniserregender Weise ohne entsprechende Bekleidung badet, wird mit Haft bis zu drei Tagen oder an Geld bis zu 20 fl. bestraft.

§. 450.

Wer in den im §. 307 bezeichneten Versammlungsorten und Räumlichkeiten Glücksspiele treibt, ist mit Haft oder an Geld bis zu 300 fl. zu bestrafen.

Das zum Spiele aufgelegte Geld und die verwendeten Spielgeräthschaften können für verfallen erklärt werden.

Mit der im Absatze 1 bezeichneten Strafe ist auch derjenige zu belegen, welcher an öffentlichen Orten, wenn auch gewerbsmäßig geringfügige Gegenstände ausspielt und hiebei polizeilichen Anordnungen zuwiderhandelt.

§. 451.

Wer Thiere boshaft quält oder roh mißhandelt oder sonst den gegen Thierquälerei erlassenen Anordnungen zuwiderhandelt, ist mit Haft bis zu einer Woche oder an Geld bis zu 40 fl. zu bestrafen.

§. 452.

Wer im Zustande einer die Zurechnung ausschließenden vollen Trunkenheit (§. 56) eine Handlung verübt, welche das Gesetz mit einer mehr als einjährigen Freiheitsstrafe bedroht, ist mit Haft zu bestrafen.

V. Hauptstück.

Übertretungen wider das Leben, die Gesundheit und körperliche Sicherheit der Menschen.

§. 453.

Mit Haft bis zu einer Woche wird bestraft, wer bei einer Rauferei zu einer Waffe oder einem anderen gefährlichen Werkzeuge greift.

§. 454.

An Geld bis zu 100 fl. wird bestraft:

1. wer unbefugt ärztliche Verrichtungen gewerbsmäßig unternimmt;

2. wer unbefugt Arzneimittel für Kranke gewerbsmäßig verabfolgt;

3. wer ohne hiezu von der Behörde erhaltene Befugnis die rituelle Beschneidung vornimmt.

Bei wiederholter Verurtheilung kann auf Haft oder auf Geldstrafe bis zu 200 fl. erkannt werden.

Dieselbe Strafe trifft jene Personen, welche unbefugt Hebammendienste gewerbsmäßig und in Fällen ausüben, in denen eine befugte Hebamme leicht herbeigeholt werden kann.

§. 455.

Ausübende Ärzte und Hebammen, welche in Fällen, wo die Hilfe dringend nöthig, und von anderen nicht rechtzeitig zu erlangen ist, dieselbe ohne genügenden Grund verweigern oder verzögern, sind an Geld bis zu 100 fl. zu bestrafen.

Dieselbe Strafe trifft Apotheker, welche die Verabfolgung von Arzneimitteln ohne genügenden Grund verweigern oder in dringenden Fällen verzögern.

§. 456.

An Geld bis zu 300 fl. wird der Lehrer bestraft, welcher in Ausübung seines Berufes seinem Schüler eine Körperverletzung (§. 230) zufügt, wenn er durch das pflichtwidrige Betragen des Schülers zum Zorn gereizt und hiedurch auf der Stelle zur That hingerissen worden ist.

Auf Körperverletzungen, welche unter die §§. 231 bis 234 fallen, ist die gegenwärtige Bestimmung nicht anzuwenden.

§. 457.

Wer ohne behördliche Bewilligung eine Heil-, Entbindungs-, Bade- oder Irrenanstalt errichtet oder den bezüglich solcher Anstalten im Interesse der Gesundheitspflege, der persönlichen Sicherheit oder der persönlichen Freiheit erlassenen Anordnungen zuwiderhandelt, ist an Geld bis zu 200 fl. zu bestrafen.

§. 458.

Wer bei Verrichtungen, welche zur Verhütung von Gefahr für Leben oder Gesundheit dritter Personen besondere Vorsicht erfordern, sich betrinkt, oder im Zustande der Trunkenheit solche Verrichtungen außer Nothfällen vornimmt, ist mit Haft bis zu einer Woche oder an Geld bis zu 40 fl. zu bestrafen.

§. 459.

Eine unverehelichte oder von ihrem Manne gerichtlich geschiedene Frauensperson, welche ein todtes Kind zur Welt bringt, oder deren Kind binnen vierundzwanzig Stunden nach der Geburt stirbt, ist, wenn sie die Anzeige hievon einer zur Geburtshilfe berechtigten oder obrigkeitlichen Person zu machen unterläßt, oder derselben auf Verlangen das todte Kind nicht vorzeigt, mit Haft oder an Geld bis zu 300 fl. zu bestrafen.

§. 460.

Wer in Bezug auf ihm angehörige oder anvertraute Kinder, kranke, gebrechliche, geisteskranke oder andere hilflose Personen, die ihm obliegende Pflicht zur Aufsicht, zum Schutze oder Unterhalte oder zur Krankenpflege gröblich vernachlässigt, ist mit Haft bis zu drei Wochen oder an Geld bis zu 100 fl. zu bestrafen.

§. 461.

Wer den in Bezug auf Gifte und andere gesundheitsgefährliche Stoffe, auf Arzneien, Arzneistoffe und Geheimmittel zum Schutze gegen Gefahren für Leben oder Gesundheit erlassenen Verordnungen zuwiderhandelt, ist mit Haft oder an Geld bis zu 300 fl. zu bestrafen.

§. 462.

Wer sich bewußt ist, daß er an einem ansteckenden Übel leidet und mit Verschweigung desselben dennoch als Dienstbote, Gewerbsgehilfe, Lehrling, als Berg- oder Fabriksarbeiter sich verdingt oder, wenn er erst nach Antritt des Dienstes oder der Arbeit davon befallen wird, solches dem Dienst- oder Arbeitgeber anzuzeigen unterläßt, ist, wenn dadurch eine Gefahr der Ansteckung für Andere entstehen kann, mit Haft bis zu einer Woche oder an Geld bis zu 40 fl. zu bestrafen.

§. 463.

Frauenspersonen, welche sich bewußt sind, daß sie an einem ansteckenden Übel leiden und dennoch als Ammen in Dienst treten, oder, wenn sie erst nach Antritt dieses Dienstes davon befallen werden, ihren Dienst als Ammen fortsetzen, sind mit Haft zu bestrafen.

§. 464.

Wer mit einer venerischen oder syphilitischen Krankheit behaftet zu sein sich bewußt ist und dennoch mit jemand Beischlaf pflegt, ist mit Haft zu bestrafen.

Im Falle ehelichen Beischlafes erfolgt die Bestrafung nur auf Grund einer Privatanklage.

§. 465.

Geldstrafe bis zu 100 fl. trifft:

1. Familienhäupter, Inhaber von Gewerbs- oder Bergbauunternehmungen, Vorsteher von Strafanstalten, von Armen- und Versorgungshäusern, von Lehr-, Erziehungs-, Arbeits- und anderen ähnlichen Anstalten, welche, wenn in ihrer Wohnung, Gewerbsräumlichkeit oder Anstalt eine ansteckende Krankheit ausbricht, innerhalb vierundzwanzig Stunden, nachdem sie von der Natur der Krankheit Kenntnis erlangt haben, weder der Sicherheitsbehörde davon Anzeige machen, noch für den Beistand eines befugten Arztes Sorge tragen;

2. Ärzte, welche wider das Gebot einer Anordnung es unterlassen, den Ausbruch einer ansteckenden Krankheit der Sicherheitsbehörde anzuzeigen.

§. 466.

Mit Haft bis zu drei Wochen oder an Geld bis zu 100 fl. wird bestraft:

1. wer ein ihm gehöriges oder seiner Obsorge anvertrautes Thier, an welchem Kennzeichen der Wuth oder einer anderen für Menschen gefährlichen Krankheit wahrzunehmen sind, nicht sofort durch Absonderung oder auf andere geeignete Art ungefährlich macht und zugleich bei der Sicherheitsbehörde oder einem befugten Thierarzte die Anzeige erstattet;

2. wer den zum Schutze der menschlichen Gesundheit erlassenen Anordnungen bezüglich der unter Z. 1 bezeichneten Thierkrankheiten oder den in einzelnen Fällen solcher Krankheiten erlassenen besonderen Aufträgen der Sicherheitsbehörde zuwiderhandelt.

§. 467.

Derselben Strafe unterliegt:

1. wer Kleidungsstücke, Leinenzeug, Betten oder andere zur Verbreitung der Ansteckung geeignete Gegenstände, welche von einer an einer ansteckenden Krankheit leidenden Person während derselben gebraucht worden sind, oder Gegenstände, welche bei Thieren verwendet worden sind, die mit einer der im §. 466, Z. 1 bezeichneten Krankheiten behaftet waren, bei polizeilicher Nachfrage verheimlicht, oder wer solche Gegenstände nicht in der vorgeschriebenen Weise reinigt, oder sie der angeordneten Vertilgung entzieht;

2. wer wissentlich solche der Reinigung oder Vertilgung unterliegende Gegenstände weitergibt oder an sich bringt.

Die vorerwähnten Gegenstände können für verfallen erklärt werden.

§. 468.

Mit Haft oder an Geld bis zu 300 fl. ist zu bestrafen:

1. wer den bezüglich der Schlachtung von Kälbern oder anderen Thieren unter einem bestimmten Alter oder Entwicklungsgrade oder bezüglich des Kaufes und Verkaufes solcher vorzeitig geschlachteten Thiere bestehenden Verordnungen zuwiderhandelt;

2. wer den in Bezug auf die Reinlichkeit in Schlachthäusern, in gewerblichen Räumlichkeiten, in welchen menschliche Nahrungsmittel zubereitet, verwahrt oder verkauft werden, oder auf Märkten erlassenen Anordnungen zuwiderhandelt;

3. wer das zum Genusse für Menschen bestimmte Wasser in Brunnen, Cisternen, Leitungen oder in zum öffentlichen Gebrauche dienenden Quellen oder Bächen verunreinigt oder verdirbt.

§. 469.

Derselben Strafe unterliegt:

1. wer Gegenstände des menschlichen Gebrauches in gesundheitsschädlicher Weise erzeugt oder zurichtet oder wissentlich solche gesundheitsschädliche Gegenstände feilhält oder verkauft;

2. wer den bezüglich solcher Gegenstände im Interesse der Gesundheit erlassenen Verordnungen zuwiderhandelt.

Zugleich ist auf Unschädlichmachung, erforderlichenfalls auf Vertilgung der gesundheitsschädlichen Gegenstände zu erkennen.

§. 470.

Wer den Verordnungen zuwiderhandelt, welche zur Verhütung von Gefahren für die Gesundheit oder körperliche Sicherheit bei der Einrichtung oder dem Betriebe von Bergwerken, Fabriken oder anderen Gewerbsunternehmungen, insbesondere auch bezüglich der Beschäftigung jugendlicher Personen in denselben erlassen worden sind, ist an Geld bis zu 300 fl. zu bestrafen.

§. 471.

Wer den zur Verhütung von Gefahren für das Leben oder die körperliche Sicherheit bei öffentlichen Schaustellungen, wie Productionen von Seiltänzern, Akrobaten, Thierbändigern getroffenen polizeilichen Anordnungen zuwiderhandelt, ist mit Haft oder an Geld bis zu 300 fl. zu bestrafen.

§. 472.

Mit Haft oder an Geld bis zu 300 fl. ist zu bestrafen:

1. wer ungeachtet der polizeilichen Aufforderung es unterläßt, Gebäude, welche den Einsturz drohen, auszubessern oder niederzureißen;

2. wer Bauten, Ausbesserungen oder Abtragungen von Gebäuden, Brunnen, Canälen, Gerüsten oder anderen Bauwerken vornimmt, ohne die erforderlichen oder von der Behörde angeordneten Sicherungsmaßregeln zu treffen;

3. wer den aus Gesundheitsrücksichten bezüglich der Benützung von Gebäuden oder Gebäudetheilen erlassenen Anordnungen oder von der Sicherheitsbehörde erlassenen Aufträgen zuwiderhandelt.

§. 473.

Derselben Strafe unterliegt:

1. Wer den bezüglich der Todtenbeschau erlassenen Verordnungen zuwiderhandelt;

2. wer die Zeit des eingetretenen Todes eines Menschen wissentlich unrichtig angibt und hiedurch die Gefahr einer zu frühen Beerdigung oder Leichenöffnung herbeiführt;

3. wer den bezüglich der Zeit, des Ortes und der Art der Beerdigung, der Aufbewahrung, Schaustellung, Überführung oder Ausgrabung von Leichen, bezüglich der Zeit der Leichenöffnung oder bezüglich der Öffnung von Gräbern erlassenen Verordnungen zuwiderhandelt.

§. 474.

Wer den über das Wegschaffen, den Transport und das Verscharren todter Thiere, sowie über das Ausgraben verscharrter Thiere und Thierknochen erlassenen Anordnungen zuwiderhandelt, ist an Geld bis zu 40 fl. zu bestrafen.

§. 475.

Mit Haft bis zu drei Wochen oder an Geld bis zu 100 fl. ist zu bestrafen:

1. wer ohne polizeiliche Bewilligung eine Schießstätte errichtet, oder bezüglich derselben die erforderlichen oder von der Behörde angeordneten Vorsichtsmaßregeln nicht beobachtet;

2. wer mit Gefährdung der körperlichen Sicherheit Anderer oder wider ein polizeiliches Verbot innerhalb einer Ortschaft oder in deren unmittelbarer Nähe schießt;

3. wer Schießgewehre unerfahrenen Personen zum Gebrauche ohne Aufsicht überläßt, geladene Schießgewehre nicht gehörig verwahrt oder sonst mit Schießgewehren unvorsichtig umgeht.

§. 476.

Derselben Strafe unterliegt:

1. wer den Verordnungen zuwiderhandelt, welche zur Verhütung der aus der Erzeugung, Aufbewahrung, dem Transporte, Verkaufe und der Verwendung von explodirenden oder leicht entzündlichen Stoffen für die körperliche Sicherheit erwachsenden Gefahren erlassen werden;

2. wer Sprengungen durch explodirende Stoffe ohne die erforderlichen Vorsichtsmaßregeln vornimmt;

3. wer mit Gefährdung der persönlichen Sicherheit Anderer Selbstgeschosse, Schlageisen, Fußangeln und derlei Vorrichtungen legt.

Die unter Z. 3 bezeichneten Gegenstände können für verfallen erklärt werden.

§. 477.

Mit Haft bis zu einer Woche oder an Geld bis zu 40 fl. wird bestraft:

1. wer mit Gefährdung Anderer schnell oder unvorsichtig reitet oder fährt, sowie der Dienstgeber des Kutschers, wenn er zugegen ist und dem Kutscher solches Fahren nicht untersagt;

2. wer auf öffentlichen Straßen oder Wegen mit seinem Fuhrwerke das Vorbeifahren Anderer muthwillig verhindert oder zu verhindern sucht;

3. wer Pferde oder bespannte Wagen, Schlitten, Pflüge u. d. gl. auf öffentlichen Straßen oder Plätzen oder sonst an besuchten Orten, wo sie durch Ausreißen oder sonst Schaden anrichten können, ohne Aufsicht und mit Vernachlässigung der erforderlichen oder insbesondere vorgezeichneten Sicherheitsmaßregeln frei stehen läßt;

4. wer bei Leitung eines Fuhrwerkes auf öffentlichen Straßen oder Wegen durch Schlafen oder sonstiges Verschulden sich in eine Lage gebracht hat, in der er sein Gespann nicht mehr gehörig zu lenken imstande ist und hiedurch den freien Verkehr stört;

5. wer in Ortschaften, wo es untersagt ist, mit Schlitten ohne Geläute oder Schelle fährt;

6. wer scheue oder mit anderen gefährlichen Fehlern behaftete Pferde mit Verschweigung dieser Fehler an bestellte Fuhren spannt oder sonst Anderen zum Gebrauche überläßt;

7. wer den zur Verhütung von Unglücksfällen erlassenen Anordnungen bezüglich des Fahrens oder Reitens, insbesondere bezüglich der Schnelligkeit oder Richtung der Fahrt, oder bezüglich der Beschaffenheit, Ladung, Bespannung, Hemmung, Leitung, Beleuchtung oder des Anhängens von Fuhrwerken oder Lasten an fahrende Wagen zuwiderhandelt;

8. wer anderen bezüglich des Verkehres auf Straßen, Wegen oder Brücken, auf Gewässern oder in Häfen (mit Ausnahme des Meeres und der Seehäfen), auf Ladungs- oder Landungsplätzen im Interesse der körperlichen Sicherheit erlassenen Anordnungen zuwiderhandelt.

§. 478.

An Geld bis zu 20 fl. wird bestraft:

1. wer mit Gefährdung Anderer Gegenstände wirft oder von Anhöhen fallen läßt;

2. wer auf öffentlichen Straßen oder an anderen besuchten Orten Gegenstände in einer Weise trägt oder führt, wodurch die persönliche Sicherheit Anderer gefährdet wird;

3. wer auf öffentlichen Straßen oder an anderen besuchten Orten Wagen oder andere Gegenstände entweder nach eingetretener Dunkelheit ohne Beleuchtung oder sonst auf eine für andere Personen gefährliche oder aus Rücksicht für die körperliche Sicherheit verbotene Art stehen oder liegen läßt;

4. wer Sachen, durch deren Herabfallen oder Umstürzen jemand auf einer öffentlichen Straße oder an einem anderen besuchten Orte beschädigt werden kann, ohne gehörige Befestigung aufstellt oder aufhängt.

Wurde die Übertretung in den Fällen der Z. 1 und 4 in oder von einem Gebäude aus verübt und kann der Thäter nicht ermittelt werden, so ist die Strafe gegen den Inhaber jenes Gebäudetheiles, wo die Übertretung verübt worden ist, zu verhängen, wenn er nicht glaubwürdig darthut, daß er die Übertretung nicht zu verhindern vermochte.

§. 479.

An Geld bis zu 200 fl. wird bestraft:

1. wer ohne polizeiliche Bewilligung wilde Thiere hält, welche Menschen gefährlich sind;

2. wer bezüglich solcher Thiere die zum Schutze der Menschen erforderlichen oder angeordneten Vorsichtsmaßregeln vernachlässigt;

3. wer es unterläßt, sobald ihm ein solches Thier aus der Verwahrung entkommen ist, sogleich die zur Einfangung und Unschädlichmachung des Thieres nothwendigen Vorkehrungen zu treffen, und die Anzeige an die Sicherheitsbehörde zu erstatten.

§. 480.

Mit Haft bis zu einer Woche oder an Geld bis zu 40 fl. wird bestraft:

1. wer unter gefährlichen Umständen Thiere absichtlich reizt, scheu oder wild macht;

2. wer Hunde auf Menschen hetzt oder ihm angehörige oder seiner Aufsicht anvertraute Hunde von Angriffen auf Menschen nicht zurückhält;

3. wer ihm angehörige oder seiner Aufsicht anvertraute Thiere, welche besondere bösartige Eigenschaften haben, oder sonst für Menschen gefährlich sind, mit Gefährdung der persönlichen Sicherheit Anderer frei umherlaufen läßt oder bezüglich derselben die im Interesse der persönlichen Sicherheit erforderlichen oder insbesondere angeordneten Vorsichtsmaßregeln nicht anwendet.

§. 481.

Wer den in Bezug auf Dampf- und andere sicherheitsgefährliche Maschinen und dazugehörige Vorrichtungen zum Schutze der körperlichen Sicherheit erlassenen Verordnungen zuwiderhandelt, ist mit Haft oder an Geld bis zu 300 fl. zu bestrafen.

§. 482.

Derselben Strafe unterliegt, wer den in Bezug auf Bahnen, welche mit Locomotiven oder anderen mechanischen Motoren betrieben werden, zum Schutze der körperlichen Sicherheit erlassenen Verordnungen zuwiderhandelt.

§. 483.

Wer auf Bahnen (§. 482) oder in den dazu gehörigen Gebäuden und Räumlichkeiten oder während der Fahrt den von der Sicherheitsbehörde oder von der Bahnverwaltung zum Schutze der körperlichen Sicherheit erlassenen Anordnungen ungeachtet der Erinnerung von Seite der Bahnbediensteten zuwiderhandelt, ist mit Haft bis zu einer Woche oder an Geld bis zu 40 fl. zu bestrafen.

§. 484.

An Geld bis zu 200 fl. wird bestraft:

1. Wer auf seinem Grund und Boden befindliche gefährliche Vertiefungen, Abhänge oder Abgründe an besuchten Orten mit festen Geländern oder anderen zureichenden Sicherungsmitteln zu umgeben oder zu verwahren unterläßt;

2. wer an Straßen oder gemeinzugänglichen Orten Steinbrüche, Sand- oder Lehmgruben und ähnliche Vertiefungen, welche für die Arbeiter oder für Vorübergehende Gefahr verursachen können, anlegt, verläßt oder wieder eröffnet, ohne vorher der Sicherheitsbehörde davon Anzeige gemacht zu haben, und wer solche Brüche oder Gruben auf eine verbotene oder die körperliche Sicherheit gefährdende Art anlegt oder bearbeiten läßt, oder bezüglich derselben die zur Verhütung von Unglücksfällen erforderlichen oder durch besonderen Auftrag der Sicherheitsbehörde vorgezeichneten Sicherheitsmaßregeln, als Beleuchtung, Umzäunung, Bedeckung u. s. w., nicht beobachtet;

3. wer in Häusern, Hofräumen oder Hausgärten befindliche Brunnen, Cisternen oder andere tiefere Wasserbehälter, Kellerzugänge, Kalk- oder Senkgruben oder andere gefährliche Vertiefungen nicht gehörig bedeckt, eingefriedet oder verwahrt hält, oder den darauf bezüglichen Anordnungen nicht entspricht.

§. 485.

Wer in einem zur Sicherung gegen Lawinen oder Felsstürze oder ähnliche Gefahren in Bann gelegten Walde den erlassenen Anordnungen der Behörde zuwiderhandelt, wird mit Haft oder an Geld bis zu 300 fl. bestraft.

§. 486.

An Geld bis zu 20 fl. wird bestraft:

1. wer die infolge polizeilicher Vorschrift ihm obliegende Pflicht, die Fußwege bei entstehendem

9

Glatteise zu bestreuen, rechtzeitig zu erfüllen unterläßt;

2. wer in Städten oder Märkten bei eisbildender Kälte Flüssigkeiten auf die Fußwege ausgießt.

§. 487.

Derselben Strafe unterliegt, wer bei Arbeiten an Gebäuden, Brücken, Brunnen oder sonstigen Baulichkeiten die angeordneten, oder in Ermanglung einer solchen Anordnung die erforderlichen und ortsüblichen Warnungszeichen aufzustellen unterläßt.

§. 488.

Mit Haft bis zu vierzehn Tagen oder an Geld bis zu 70 fl. ist zu bestrafen:

1. Wer die zur Verhütung von Unglücksfällen angebrachten Schutzmittel, Sperrungs- oder Warnungszeichen entfernt oder für ihren Zweck unbrauchbar macht;

2. wer die zur öffentlichen Beleuchtung bestimmten Laternen von ihren Stellen entfernt oder auslöscht;

3. wer die zur Hilfe bei öffentlichen Nothfällen bestimmten Geräthschaften oder Einrichtungen entfernt, für ihren Zweck unbrauchbar macht oder deren Gebrauch hindert.

§. 489.

Wer wider ein polizeiliches Verbot in Flüssen, Bächen oder anderen Gewässern badet, oder sonst wider ein solches Verbot sich in Gewässer oder auf deren Eisdecke wagt, ist an Geld bis zu 20 fl. zu bestrafen.

§. 490.

Mit Haft wird bestraft, wer einen Menschen, der sich in augenscheinlicher Lebensgefahr befindet, aus Bosheit oder Gleichgiltigkeit umkommen läßt, obgleich er ihn durch eigene Hilfeleistung oder durch schleunige Anrufung fremden Beistandes ohne ernstliche Gefahr für sich oder andere retten konnte.

VI. Hauptstück.

Übertretungen in Bezug auf das Eigenthum.

§. 491.

Wer für Menschen dienende Nahrungs- oder Genußmittel von unbedeutendem Werte zum unmittelbaren Verbrauche entwendet, ist, insofern keiner der im §. 258, Z. 2 bis 6, erwähnten Umstände vorliegt, auf erhobene Privatanklage mit Haft bis zu einer Woche oder an Geld bis zu 40 fl. zu bestrafen.

Die Entwendung bleibt ftraflos, wenn fie unter den im §. 267 bezeichneten Borausfetzungen verübt wurde.

§. 492.

Wer in Gaft-, Schank- oder Kaffeehäufern oder anderen öffentlichen Localen Speifen, Getränke oder andere Gegenftände des Berbrauches, wie: Tabak, Cigarren u. d. gl. fich geben läßt und fofort verzehrt oder verbraucht, oder in einem Gafthaufe Wohnung nimmt und dabei verschweigt, daß er außerftande fei, die Zahlung fogleich zu leiften oder ficherzuftellen, ift auf erhobene Privatanklage mit Haft bis zu vierzehn Tagen oder an Geld bis zu 70 fl. zu beftrafen

§. 493.

Mit Haft oder an Geld bis zu 300 fl. ift zu beftrafen, wer

1. auf fremdem Grunde Bieh weiden läßt;

2. die zur Umfriedung eines fremden Grundftückes dienenden Zäune, Hecken, Gefträuche, Pfähle, Steine, Gräben, Dämme u. f. w. befchädigt oder befeitigt;

3. auf fremdem Grunde abgefallenes Holz, Reifig, Boden- oder Aftüren, Futterlaub, Gras, Holzfamen, Baumfäfte oder Düngerftoffe fammelt, Bäume entrindet oder entgipfelt oder durch Anhacken, Anbohren, durch Benützung von Steigeifen oder in ähnlicher Weife befchädigt, Reiftangen oder junge Holzpflanzen bricht, Baumftöcke oder Wurzeln gräbt, Getreideähren, Schoten oder nutzbare Pflanzen abreißt oder abfchneidet;

4. von fremdem Grunde Rafen fticht, Erde, Lehm, Torf, Sand, Gyps u. d. gl. gräbt, oder Steine bricht;

5. ein fremdes Grundftück, einen Weg oder Grenzrain durch Abpflügen, Abgraben, oder auf andere Art verringert.

Die Berfolgung findet nur auf Antrag ftatt.

§. 494.

Mit Haft bis zu einer Woche oder an Geld bis zu 40 fl. ift zu beftrafen:

1. wer die zur Warnung gegen das Betreten eines Grundftückes angebrachten Tafeln, Hegezeichen, Strohwifche u. d. gl. befeitigt oder unkenntlich macht;

2. wer auf fremdem Grunde gegen ein Berbot des Waldbefitzers Moos, Kräuter, Beeren, Baumblüten, Waldobft, Boden- oder Baumfchwämme oder Ameifeneier fammelt, oder Befenreifer, Gerten, Wieden oder ähnliche kleine Holzarten bricht.

Die Berfolgung findet nur auf Antrag ftatt.

§. 495.

Wer aus Fahrläffigkeit einen der in den §§. 322 und 324 bezeichneten Schäden verurfacht, ift an Geld bis zu 300 fl. zu beftrafen.

9*

§. 496.

Wer eine fremde Sache wissentlich unbefugt gebraucht und hiedurch abnützt oder beschädigt, ist auf erhobene Privatanklage an Geld bis zu 100 fl. zu bestrafen.

§. 497.

Wer in Rücksicht auf eine ihm übertragene Geschäftsverwaltung ohne Zustimmung des Machtgebers von einer dritten Person Geschenke annimmt, oder sich was immer für Vermögensvortheile zuwenden läßt, ist auf Privatanklage des Machtgebers an Geld bis zu 300 fl. zu bestrafen.

§. 498.

Ein Apotheker, welcher einem Arzte für die Ordination von Arzneien Geschenke gibt oder anbietet, sowie der Arzt, welcher solche Geschenke annimmt, ist an Geld bis zu 200 fl. zu bestrafen.

§. 499.

Wer einen Anderen durch Geschenke oder Anbietung sonstiger Vermögensvortheile zu bestimmen sucht, daß er sich bei öffentlichen Feilbietungen ganz oder von einem bestimmten Preise oder Zeitpunkte an des Mitbietens enthalte, sowie derjenige, welcher ein solches Geschenk oder Anerbieten annimmt, oder wer aus Gewinnsucht andere, den Erfolg öffentlicher Feilbietungen beeinträchtigende Umtriebe sich zu Schulden kommen läßt, ist mit Haft oder an Geld bis zu 300 fl. zu bestrafen.

§. 500.

Wer eine Sache unter Umständen, welche den Verdacht zu erregen geeignet sind, daß dieselbe von einer der in den §§. 272 und 313 erwähnten strafbaren Handlungen herrühre, ankauft, eintauscht, als Pfand annimmt oder sonst an sich bringt, deren Absatz bei Anderen übernimmt, oder dazu mitwirkt, ist an Geld bis zu 200 fl. zu bestrafen.

§. 501.

Trödler, Gold- und Silberarbeiter und alle jene Personen, welche mit Juwelen, Uhren, Gold- und Silberwaren oder mit Wertpapieren Handel oder ein Versatzgeschäft treiben, sind verpflichtet, wenn ihnen Gegenstände ihres Geschäftszweiges unter Umständen, welche gegen den Besitzer den dringenden Verdacht des rechtswidrigen Erwerbes zu erwecken geeignet erscheinen, oder Gegenstände, die ihnen bereits durch amtliche Mittheilung als rechtswidrig erworben bezeichnet sind, angeboten werden, die verdächtige Person, sowie die angebotenen Gegenstände nach Möglichkeit anzuhalten und der Sicherheitsbehörde hievon unverweilt die Anzeige zu machen, und sind, wenn sie dies unterlassen, an Geld bis zu 100 fl. zu bestrafen.

§. 502.

Wer gegen das Verbot einer Verordnung ärarische Montirungs-, Munitions- oder Armaturstücke an sich bringt, ist an Geld bis zu 100 fl. zu beftrafen.

§. 503.

Schloffer und andere zur Verfertigung und zum Verkaufe von Sperrwerkzeugen berechtigte Gewerbsleute, welche Nachschlüffel, Dietriche oder ähnliche Gegenstände für unbekannte oder verdächtige Personen verfertigen oder denselben überlaffen, auf Beftellung Schlüffel bloß nach Abdrücken verfertigen, an verschließbaren Räumen oder Behältniffen Schlöffer öffnen oder dazu Schlüffel anfertigen, ohne sich von der Berechtigung des Beftellers überzeugt zu haben, oder ihre Sperrwerkzeuge nicht gehörig gegen Mißbrauch verwahren, find mit Haft bis zu einer Woche oder an Geld bis zu 40 fl. zu beftrafen.

§. 504.

Derfelben Strafe unterliegt, wer Nachschlüffel, Dietriche oder ähnliche Werkzeuge feil hält, oder unbefugt verfertigt.

Die Gegenstände diefer Übertretung find für verfallen zu erklären.

§. 505.

Mit Haft bis zu fechs Wochen oder an Geld bis zu 200 fl. wird beftraft:

1. wer Waren, deren Preis in Beziehung auf Gewicht, Menge oder Beschaffenheit durch Anordnung vorgezeichnet ift, um höheren Preis, in minderem Gewichte oder in geringerer Menge oder Beschaffenheit verkauft;

2. wer für Dienftleiftungen, deren Entlohnung durch Anordnung dem Betrage nach beftimmt ift, mehr fordert, als ihm gebürt;

3. wer den bezüglich der Erfichtlichmachung von Taxen oder Satzungen oder bezüglich der Überwachung ihrer Einhaltung erlaffenen Anordnungen zuwiderhandelt.

Waren, deren Gewicht, Menge oder Beschaffenheit geringer ift, als die Taxordnung vorschreibt, können für verfallen erklärt werden.

§. 506.

Derfelben Strafe unterliegt:

1. wer Waren unter Angabe oder Bezeichnung eines beftimmten Gewichtes, einer beftimmten Zahl oder einer beftimmten befonderen Eigenschaft oder Beschaffenheit verkauft oder feilhält, ohne daß sie dieses Gewicht oder diese Zahl, Eigenschaft oder Beschaffenheit haben;

2. wer verdorbene oder zu ihrem gewöhnlichen Zwecke unbrauchbar gewordene Waren mit Verschweigung diefer ihrer Eigenschaft verkauft oder ausbietet;

3. wer Waren in einer verbotenen Beschaffenheit, Mischung oder Mengung erzeugt, verkauft oder feilhält;

4. wer Waren, welche infolge einer Verordnung nur unter ausdrücklicher Bezeichnung ihrer Eigenschaft verkauft werden dürfen, ohne diese Bezeichnung verkauft.

Die Gegenstände dieser Übertretung können für verfallen erklärt werden.

§. 507.

Bäcker, Brod- und Mehlhändler, Gastwirte, Fleischer und andere zum Verkaufe von Fleisch berechtigte Gewerbsleute, welche:

1. gegen behördliche Anordnung es unterlassen, die Preise ihrer wenn auch einer Satzung nicht unterliegenden Verkaufsgegenstände auf die vorgezeichnete Weise ersichtlich zu machen, oder

2. für ihre Verkaufsgegenstände höhere Preise fordern, als nach Z. 1 ersichtlich gemacht sind, oder

3. einem Käufer die Abgabe ihrer Verkaufsgegenstände, solange ihre Vorräthe reichen, ungeachtet der angebotenen Barzahlung ohne genügenden Grund verweigern, sind an Geld bis zu 40 fl. zu bestrafen.

§. 508.

An Geld bis zu 100 fl. wird bestraft:

1. wer im öffentlichen Verkehre andere als die vorgeschriebenen oder solche Maße, Gewichte oder Wagen anwendet, welche verboten oder nicht mit den vorgeschriebenen Proben oder Aichen versehen, oder nicht im richtigen Stande erhalten sind;

2. wer sonst den in Bezug auf Maß oder Gewicht erlassenen Anordnungen zuwiderhandelt.

Die Gegenstände dieser Übertretungen können für verfallen erklärt werden.

Auf Gewerbetreibende finden die Bestimmungen der Z. 1 schon dann Anwendung, wenn solche Maße, Gewichte oder Wagen in ihren Verkaufslocalitäten vorgefunden werden.

§. 509.

Besitzer oder Verwalter von Gebäuden, welche es unterlassen, dafür zu sorgen, daß die Feuerstätten im Hause in brandsicherem Zustande erhalten, oder daß die Rauchfänge zu rechter Zeit gereinigt werden, sowie Rauchfangkehrer und deren Gehilfen, welche die ihnen obliegende Reinigung der Feuerstätten oder Rauchfänge vernachlässigen, oder bei Wahrnehmung feuergefährlicher Zustände die Anzeige an die Sicherheitsbehörde zu machen unterlassen, sind mit Haft bis zu drei Wochen oder an Geld bis zu 100 fl. zu bestrafen.

§. 510.

Besitzer oder Verwalter von Gebäuden, welche den besonderen Aufträgen der Sicherheitsbehörde zur

Abstellung feuergefährlicher Zustände innerhalb der hiefür festgesetzten Frist nicht entsprechen, sind mit Haft oder an Geld bis zu 300 fl. zu bestrafen.

§. 511.

Mit Haft bis zu einer Woche oder an Geld bis zu 40 fl. ist zu bestrafen:

1. wer Scheuern, Stallungen oder andere Orte, in welchen leicht feuerfangende Gegenstände aufbewahrt werden, oder Orte, bezüglich deren es verboten ist, mit offenem Lichte, mit unbedeckten glühenden Kohlen oder mit brennender Tabakspfeife oder Cigarre betritt, oder darin Feuer oder Licht macht, oder offenes Feuer oder Licht unterhält;

2. der Inhaber solcher Gebäude oder Räumlichkeiten (3. 1), welcher die zur Betretung derselben erforderlichen wohlverwahrten Laternen nicht beschafft.

§. 512.

Wer die von Holz, Kohlen oder anderem Feuerungsmateriale herrührende Asche, bevor sie vollständig gelöscht worden und abgekühlt ist, in der Nähe von leicht entzündlichen Gegenständen oder sonst nicht feuersicher aufbewahrt, ist mit Haft bis zu drei Tagen oder an Geld bis zu 20 fl. zu bestrafen.

§. 513.

Mit Haft bis zu einer Woche oder an Geld bis zu 40 fl. wird bestraft:

1. wer in feuergefährlicher Nähe von Gebäuden, von Heu, Stroh oder reifem Getreide auf den Feldern oder in Schobern, oder von anderen leicht entzündlichen Gegenständen, oder in Wäldern oder deren Nähe offenes Feuer anmacht, Theer kocht, Fässer oder Baumstöcke ausbrennt, das Moor- oder Haidbrennen oder sonst feuergefährliche Handlungen vornimmt, ohne gegen die Feuersgefahr die nöthigen oder angeordneten Sicherheitsmaßregeln angewendet zu haben;

2. wer ein im Freien angemachtes Feuer verläßt, bevor es vollständig ausgelöscht ist;

3. wer mit brennenden oder glimmenden Zündhölzchen, Cigarren oder ähnlichen Gegenständen unvorsichtig gebart.

§. 514.

Wer es unterläßt, bei einem in seinem Hause, seiner Wohnung oder einer dazu gehörigen Räumlichkeit ausgebrochenen Brande ungesäumt die öffentliche Hilfe anzurufen, ist an Geld bis zu 40 fl. zu bestrafen.

§. 515.

Wer die ihm vermöge besonderer Verpflichtung obliegende Anzeige von Feuersbrünsten rechtzeitig zu

machen unterläßt, oder die zur Entdeckung von Feuersbrünsten ihm obliegende Pflicht der Wachsamkeit vernachläßigt, ist mit Haft oder an Geld bis zu 300 fl. zu bestrafen.

§. 516.

Wer den bezüglich der Fernhaltung der Feuersgefahr, der Beschaffung und Unterhaltung von Feuerlöschgeräthschaften oder der Löschung von Bränden und der Mithilfe hiebei erlassenen Anordnungen zuwiderhandelt, ist an Geld bis zu 70 fl. zu bestrafen.

Inhaltsverzeichnis.

Erster Theil.

Allgemeine Bestimmungen.

Zweiter Theil.

Verbrechen und Vergehen.

Dritter Theil.

Übertretungen.

Aus der k. k. Hof- und Staatsdruckerei.